Brèves de comptoir
Tome 3
1994

J.M. GOURIO

Merci Bernard
Sita – Java
Hitler = SS
Autopsie d'un nain
Tue-tête
Palace
Brèves de comptoir 1989
Brèves de comptoir 1990
Brèves de comptoir 1991
Brèves de comptoir - 1 : 1992   *J'ai lu* 3978/3
Brèves de comptoir - 2 : 1993   *J'ai lu* 4015/3
Brèves de comptoir - 3 : 1994   *J'ai lu* 4052/4
La carte des vins
Vous me croirez si vous voulez
10 000 brèves de comptoir
Les coccinelles de l'Etna

J. M. Gourio

Brèves de comptoir
Tome 3
1994

Éditions J'ai lu

A tous les grands nains.
A tous les petits géants.

© Éditions Michel Lafon, 1994

LA GOURMANDISE DES MOTS

Il y a des consommateurs accoudés qui parlent avec un tel plaisir qu'on se demande, à les regarder, s'ils n'avalent pas leurs mots plutôt que les envoyer en l'air, on croirait facilement qu'ils les suçotent et les mâchouillent, les font fondre sur la langue ou les croquent sèchement. Le « s'écouter parler », formule quelque peu péjorative, s'efface un temps devant le « se manger parler », formule quelque peu gourmande. Il y a, c'est sûr, du goût dans les mots. La bouche est ainsi faite que tout ce qui y entre ou tout ce qui en sort a un goût. Et pourquoi pas les mots ?

Il y a dans les mots de la vitamine et du gras, des glucides et des protides, il en faut, pour accompagner tous ces liquides chez des gens qui ne mangent jamais. Ils se goinfrent de leurs mots comme d'autres de gâteaux. Et ces mots avalés leur font grossir la tête, ou donnent mal à la tête, ou font tourner la tête, ou font péter la tête, ou prennent la tête et comme un peu de sel sur le bord de l'assiette mettent la puce à l'oreille, parfois.

Il y a ceux qui ne profitent pas, qui mangent, qui mangent, qui mangent du mot et qui ne grossissent pas, ils sont toujours dans leur tête maigres comme un fil. Ceux-là passent la vie accoudés à parler sans retenue, et ils s'en vantent, moi je pourrais te parler de ceci, et moi je connais cela, ils mettent la langue sur toutes les phrases, gobent le phonème, croquent dans les « t », s'avalent les « s » à pleines poignées, mélangent les goûts et d'un coup de langue encore ramassent les miettes de phrase à la fin du repas. Ceux-là vous montrent leur front plat comme un ventre, en riant. T'as vu ça, à l'âge que j'ai !

Et il y a ceux que tout augmente, les gras de la tête, pour qui tous les mots dits sont un poids. Les gros de la tête regardent les autres s'empiffrer de mots, bien envieux. Tous les vingt mots, seulement, ils glissent leur mot. Petit mot sans sucre et sans gras, petit mot sans sel, petit mot de régime. Ah bon ? Mais à peine le « Ah bon ? » mangé ils regrettent, comme d'autres regrettent le carré de chocolat. J'aurais pas dû en prendre. J'aurais pas dû dire ça.

Et un ballon de rosé ! Et un ballon de blanc ! Et un demi ! Non ! Un blanc !

Entre ceux qui se taisent parce qu'ils grossissent et ceux qui parlent tout le temps parce qu'ils ne gardent rien, il y a la troupe, ceux qui grossissent et maigrissent, grossissent, maigrissent, vont ; d'un excès de mots à un excès de silence, de la boulimie à l'anémie, comme ballottés dans le ventre d'un bateau. Ceux-là, un mot de trop peut les faire exploser. C'est bien à ça qu'on les reconnaît.

Tous ces délices de mots ! L'onctuosité d'un « le vertige commence au-dessus des chaussettes », le piquant d'un « je suis adorateur du radis », l'aigre d'un « j'aime bien les gens de mon âge », le sucré d'un « dans les bois, tout est en bois », le salé d'un « la magie du livre, c'est si tu le lis pas, en dessous, ça te fait la poussière », l'épais d'un « il n'y a plus de centurions dans le café », le gluant d'un « moi, la mienne, le dimanche, c'est lessive », la lourde sauce d'un souvenir d'orage et la fluidité d'une promenade où on s'est fait chier, la vinaigrette dans la tirade et la cerise sur le bateau. Quel festin quand on aime ça !

Il y en a qui n'aiment pas, ils entrent pour acheter des cigarettes, on ne les écoute pas. Ce ne sont pas des gourmands, ils n'ont pas le coude humide qui est comme un peu de salive, ils n'ont pas le cheveu dressé qui serait un peu comme la papille, ils n'ont pas le nez rose comme une glotte au milieu du visage, ils n'ont pas le menton mal rasé qui avance comme une langue râpeuse, à cette heure où l'accoudé n'est plus qu'une bouche au comptoir, grande ouverte, où s'engouffrent les liquides et les mots. La vie, au-dehors, fournit la farine et les pruneaux. C'est ici qu'on fait les gâteaux.

Gourio

QUAND VOUS ENTREZ

Il y a le causeur du bout du bar.

Il y a celui qui gueule plus fort que tout le monde.

Il y a ceux qui
parlent juste à côté
de vous.

Il y a celui
qu'on n'arrête plus.

Il y a le brouhaha
continuel des buveurs.

A Paris, t'as plus
de chanteurs dans
le métro que nous
on a de grillons
dans le pré.

Livrer une rose, avec
ces embouteillages,
y en a, on se demande
ce qu'ils ont dans le
crâne...

                      Depuis la Terre
                      on voit la Lune
                      et depuis la Lune
                      on voit la Terre,
                      c'est la première
                      exposition
                      interactive de
                      planètes.

      Objets inanimés,
      avez-vous donc 1 franc ?

Fermeture du café à neuf heures.
– Tu sais à quoi ça correspond, ces conneries ? Tu rayes Asnières de la carte...

Si c'est pour fermer le café à neuf heures du soir, c'est même pas la peine d'ouvrir !

Tu peux faire plus de mal à une ville qui franchement peut être plus agréable à vivre que bien d'autres des villes que je connais, eh bien obliger la fermeture des cafés *avant* neuf heures, je me le réexplique, je dis bien *avant* neuf heures, et en plus *avant* les élections, moi je dirais, tu voudrais te suicider électoralement que tu t'y prendrais pas autrement !

Ah mais bordel, mais oui, certain !

Il descend le chien en même temps que la poubelle, un jour il jettera le chien.

Ça fait douze ans que le chien de Mitterrand habite à l'Élysée, pour les chiens on multiplie par sept, ça fait quatre-vingt-quatre ans que le chien de Mitterrand habite à l'Élysée, c'est vraiment trop.

Ah, je vous jure ! Une tête d'enfant dans le ventre du requin !

Si une éponge reste sèche trop longtemps, tu peux plus la réanimer.

Ils remplacent les hommes par des machines sans savoir que les machines aiment pas leur travail.

Mais si, on lui a greffé un foie de babouin et il est mort d'une infection intestinale.
– On leur fait bouffer de la merde, dans les hôpitaux.

Y a pas de babouin dans les hôpitaux.
– Hein ?
– Y a pas de babouin dans les hôpitaux !
– Hein ?

Si y a de la vie sur une autre planète, ça veut dire qu'il y a aussi de la mort, alors si c'est pour découvrir ça, on est aussi bien chez nous qu'à voler dans l'univers, non ?
– De toute façon, y en a pas, de la vie ailleurs.
– Si y a pas de vie ailleurs, y a pas de mort non plus.
– C'est bien.
– Y a de la mort qu'ici.
– Faut croire.
– On est la seule planète où y a de la mort dans tout l'univers !
– Y z'ont du pot, les autres.

J'y ai été moi une fois, en garde à vue, tu parles, les flics me regardaient même pas !

La conduite à gauche ! Hein ?! Mais quoi ?! Et pourquoi pas en plus à droite pendant qu'y z'y sont, ces connards d'Anglais ?

Au début, il rentrait saoul tous les soirs, ça allait ; maintenant c'est tous les midis...

Si j'ai bien compris, c'est fini ?
– C'est ça, tu dégages et tu reviens plus jamais ici.
– Si j'ai bien compris alors... d'accord j'ai compris... d'accord... eh bien tu ne me verras plus ici ! Voilà ce que tu y gagneras à me virer ! Je ne viendrai plus !
– Dehors !
– Eh bien voilà, c'est gagné.
– Salut.
– Et d'abord primo qu'est-ce que j'ai fait, d'abord, primo ?

Monsieur ce n'est pas
un dortoir, ici.

Tu peux le buter ?
– Le buter je sais pas,
mais lui foutre une bonne
branlée c'est facile.
– Tu le connais, c'est un
mec qui bosse à la télé.
– Moi je m'en fous, où y
bosse, on lui pète les
dents et c'est tout.

*Les voleurs ! Mais les
voleurs ! T'as vu ça ?!
– Ta baguette ?
– Eh ben non, c'est
un pain !
– Un pain parisien,
ça ?!
– Oui, un pain
parisien.
– Alors là t'as raison de
le dire, les voleurs !
– Les voleurs...
– Les voleurs...
– ...
– T'as mangé le bout ?
Moi ma femme elle
gueule quand je
mange le bout.*

Une heure pour
laver la salade !
– Le mien c'est
pareil.

*Je sais pas si je t'en
ai parlé, hier...
– Si, si !
– Tu sais même pas
de quoi c'est.
– Les vols dans les
Prisunic.
– Comment tu...
– T'en as parlé toute
la nuit.
– ...
– ...
– Ah, tiens donc...*

Finalement, on ne
nous apprend que
des conneries,
quand tu repenses à
tout ce qu'on sait, la
plupart c'est des
conneries.

Après on mange
plus à table...

La lumière fait pousser la plante, t'éteins, elle rerentre dans le pot, est-ce que ça serait possible d'éteindre pour l'expérience ?

C'est la plus grande marée du siècle, tu mets une goutte d'eau dans le pastis, une heure après il est noyé.

Une planète qui serait faite en sucre, le jour où y pleut bonjour les fourmis !

Tu rêves.
– Putain con, moi rêver !
Moi ?! Putain con ! Moi ?
– ...
– Un peu...

Le jour chasse la nuit, c'est comme on dit un racisme cosmique.

*Un bon film, faut de bons acteurs.
– Et un bon scénario.
– A la limite ça on s'en fout, c'est les acteurs qu'on regarde.
– Et tes acteurs tu leur feras faire quoi ?
– Des photos, pour les journaux.*

Le monde appartient aux Terriens, voilà à qui !

Le mec y lit, y me dit vous feriez mieux de lire que regarder le foot à la télé, alors je lui réponds, moi je regarde le foot et des fois je tape dans un ballon, mais vous, je lui dis, vous en écrivez des livres ?! Vert, il était, vert !

L'argot ? Mais qui en dit, de l'argot, encore maintenant ? Les jeunes ça les intéresse plus, l'argot.

Les jeunes ça parle le verlot.

Il engueule le soleil, quand ça pleut, c'est un con pas logique.

*Pour combattre le chômage, ce qu'il faut faire d'abord, c'est changer les mentalités.
– Oui et ben qu'ils y touchent, à la mienne, et tu vas voir !*

Pas besoin de prendre l'avion, moi je bouffe un couscous et je voyage, ou des rillettes, je suis de la Sarthe, je rentre chez moi.

Il connaît la Bible à la virgule près, c'est un fou !
– Un génie.
– Tu sais, des fois, entre les deux y a qu'une estafette.

C'est pas du vent, le vent ça souffle fort, ça arrache les choses, c'est pas du vent, c'est moins que ça, un souffle même pas, rien bougeait, le bout du haut des herbes bougeait pas non plus, l'air avançait mais comme si c'était pas lui qui bougeait, comme si c'était autre chose qui bougeait mais pas l'air, pas le vent, c'est comme si c'était moi qui passais mais pas le vent, c'est comme si c'était moi le vent, et encore pas du grand vent, j'avais rien emporté avec moi, je marchais peinard les mains dans les poches au bord de la rivière, même la rivière coulait pas, c'est moi qui bougeais, rien bougeait, rien, rien, que le vent et moi au bord de l'eau, et le vent c'était pas du vent et moi c'était pas vraiment moi, j'avais rien bu depuis une semaine...

... des hauts et des bas...

... ben ça se voit pas...

La campagne c'est bien, quand on sort on est dehors.

C'est pas mortel, comme tache, la vinaigrette.

Une vache intelligente, tu peux la louer au cinéma pour jouer la vache, tous les films à la campagne ont besoin de vaches qui connaissent un tant soit peu minimum le boulot.

Tu peins un poisson, tout de suite ça s'écaille.

Il fait semblant de réfléchir, du coup ceux qui bougent passent pour des cons.

J'ai presque travaillé hier, du coup je suis tout juste fatigué à peine...

A choisir, entre l'ancien et le moderne, je préfère le moderne, t'as des prises électriques partout.

La vie on s'en fout, les animaux c'est bien quand ça cuit.

Le pigeon voyage, c'est l'homme qui se promène.
– Des fois le pigeon se promène.
– Pas le pigeon voyageur!
– Tous les pigeons sont voyageurs.
– Certainement pas, t'en as même qui ne sortent pas du nid.
– Connais pas ce pigeon-là.
– C'est un pigeon rare, le pigeon nidifieur.
– Connais pas.
– Oui, eh ben c'est pas une raison pour te vanter, pas connaître c'est pas une victoire.

Conduire un car, c'est un rêve accessible.

T'as vu les robes qu'elle met, Simone Veil, c'est des sacs pour faire pipi debout, je m'excuse mais c'est vrai !

Tu...
– Quoi ?
– Pues !
– Qui ?
– Toi !
– Moi ?
– Toi !
– Moi ?
– Toi !
– Je ?
– Pue !
– Moi ?
– Toi.
– Mais non, c'est lui !

Fontainebleau a été complètement planté.
– Construit.
– Planté ! Je sais ce que je dis !
– On plante pas une ville.
– On construit pas une forêt.
– ...
– ...
– 1 partout.

Moi ?

T'as plus de ciel que de terre, vu que sur terre t'as l'eau.

Il est contrôleur en gare.
– Ça roule pas, les gares !

Tout le monde a
un destin, même ceux
qui ne sont pas nés.

*Si tu portes tout le temps
tes lunettes, l'œil va plus
rien faire, tu verras...*

C'est un oculiste ?
– Non, mais y voit
bien, ça lui donne
des droits.

*Tu visses le nerf optique
directement sur la lunette,
sans t'occuper de l'œil,
c'est ce qui guette l'œil
en cas de port inconsidéré
de la lunette.*

Je ne sais pas
comment je
pourrais dire...
– Un veuf.
– Oui, mais jeune,
trente ans.
– Un assassin ?

J'en ai
vécu des
vertes et
des pas
mûres !

J'ai fini mon
livre,
maintenant je
peux mourir.
– Baratine pas,
demain tu pars
en vacances.

Il y a une boule ici.
– Cancer ?
– Y sait pas.
– Il a rien dit, le
docteur ?
– Il a dit vous avez
une boule ici.
– Putain les
docteurs,
maintenant...

*Avant le docteur
disait vous avez
le cancer,
maintenant y
dit rien, c'est la
secrétaire...*

Tu deviens fou, c'est rien,
les mecs te coupent un nerf,
ça se fait dans l'après-midi,
tu rentres chez toi le soir, t'as
même pas d'observation.

Le zizi dur !
A un an !

Avant un match je
bois une bière.
– Avant de regarder
un match, précision !
– Oui, bien sûr,
précision.

T'en as deux, la
politique-politique
et la politique-
politicienne, c'est
un peu l'esthétique-
esthétique et
l'esthétique-
esthéticienne.

*C'est les gens bien
nourris qui croient
à la réincarnation,
les autres...
– Ça leur vient pas
à l'idée.
– C'est ça, ça leur
vient pas à l'idée.*

L'étique-
étiquette.
– Oui, aussi.

Le monde
est à l'envers,
c'est ce que
je pense,
croyez-moi !

Et quand on sera cent
millions de chômeurs,
qu'est-ce qui se passera ?!
Moi je le dis tout de suite,
je fais pas la queue !

Ils fument la
rivière, comme
ça le saumon
est déjà prêt.

Tu viens, je vas à Garonor...

L'heure solaire, c'est la plus naturelle, c'est l'heure qui fait pousser les légumes, tu feras pas pousser les légumes avec l'heure de la montre...

L'été, l'hiver, c'est du pareil au même pour nous, à la poste, on n'a pas la neige au guichet.

Ça s'arrange pas, la politique, maintenant même voter ça sert à rien, les résultats, on les connaît d'avance.

Avec toute cette neige dans les rues, on voit plus les villes, on voit plus les villes, on voit plus rien, les Américains vont regretter de plus avoir les pisteurs indiens !

Moi je me fais pas chier à faire des asticots si c'est pour pas y aller, on s'était dit une fois par mois au Tabot, le poisson est bon là-bas, sinon je fais pas des asticots, ah non certainement pas !

Jamais un cadeau, rien, ça fait dix ans que je prends chez vous, moi je vais changer, on n'est pas mariés !
– Vous voulez des verres ? Des verres à Pastis vous en avez ?

Chacun sa capote et le sida sera bien gardé, comme on dit.

La fierté c'est mou, c'est la honte qui est toute dure.

Le rat se sert
de sa queue pour
mettre en panne
les distributeurs
de billets.

Il fait la guerre
à l'homme ?
– Non, à la banque, qui
construit des immeubles
sur les terrains vagues.

*Là où on joue
aux boules, au
début y avait des
fourmis, eh ben
y en a plus...*

!?
– C'est pas de la saleté,
c'est du cambouis.

La biche qui
brame ?! Ah non !
C'est le cerf qui
brame ! Alors
j'interdis à la
télévision de dire
« la biche qui
brame ! »

Mais non... le
maillot c'est le
maillot à bretelles,
sinon c'est pas le
maillot.

Y a des boulangers,
y devraient pas
sortir de leur
boulangerie, moi
je dis...

C'est pas l'alcool
qui va te rendre
alcoolique, c'est
l'habitude.
– Ah... moi des
habitudes j'en ai pas,
alors...
– Tu risques pas.

*Du soleil en pleine nuit,
ça éblouissait, alors j'ai
mis une ampoule moins
forte.*

Faut que j'aille
chercher mes
bouchées à la reine...

Le voyage de la Terre à la Lune, t'en as pour une seconde avec les yeux.

C'est les Napoléoniens qui faisaient ça, ils étaient sur leur cheval pendant la retraite de Russie et de temps en temps y descendaient du cheval pour couper un bout de la cuisse pour la manger, comme le cheval était gelé y sentait rien, le Napoléonien remontait dessus et c'était fini jusqu'au prochain arrêt casse-croûte... c'était comme ça... avant... ça rigolait pas et en même temps ça rigolait !

Ça va pas être des élections, ça va être un raz de marétion !

Ça va être un raz de maréheu de la droite.
– Pourquoi maréheu ?
– Y a un e à la fin de marée, tu savais pas ?

La politique est morte, tout ce que tu vois là, c'est les petits cons qui cherchent le magot !

Des élections comme celles-là, c'est même pas la peine d'y aller tellement c'est voté d'avance, on va pas pisser quand les cabinets sont occupés.

C'est le mode de scrutin qui fait chier, tu comprends, et d'abord pourquoi dans les urnes, d'abord ?!

T'as plus *un* seul socialiste en France, plus *un* seul, le dernier qui restait, on l'a mangé hier.

Balladur, je le connais pas personnellement, mais il est simple comme homme.

C'est une défaite historique*!*
– Pour qui ?
– Pour les socialistes !
– Et ça t'intéresse, ces historiques-là ?!
– Non.
– La victoire ils la partagent pas, tu vas pas partager leur défaite, à ces cons-là, non ?

C'est la fin du socialisme ?! Eh ben c'est toujours mieux que le début !

C'est sûr que Mitterrand c'est pas marrant de finir aussi minable, c'est triste, au fond...

On n'a jamais vu autant de mecs de droite !
– Ça se voit que tu connais pas mon escalier.

Toute cette droite qui revient, ça fait delirium.

C'est pas du vote, c'est du débroussaillage !

Balladur c'est un œuf dur, mais y a pas le jaune.

J'ai voté à droite, c'est pas gagné que j'ai, c'est razdemarété que j'ai !

*La gauche, la droite,
ça change quoi ?
– Un kir ?
– Oui, toujours un kir.*

C'est Valstar
chez *Star Trek* !

Jamais on n'avait vu
une défaite socialiste
comme celle-là !
– C'est la Zina.
– Berezina.
– Zina.
– Et ça vote, ça !

Dans cent ans,
les comptoirs seront
en verre translucide
comme dans les
films de fusées.

Leur cohabitation,
ça fait un peu
« tournez manège »...

Trente-cinq...
quarante demis...
je grossis pas,
je suis comme ça,
je grossis pas.

Moi
je m'en
fous...

Le socialisme est mort,
et en plus personne veut
qu'on l'enterre dans son
jardin.

Quand t'éteins
la télé, les
mecs dedans
continuent de
bosser, l'écran
est noir, c'est
comme des
hamsters dans
une boîte, la
nuit...

*Les socialistes,
on va en faire des
nains pour mettre
dans les jardins.*

Les crapauds,
tu les as
dans les régions
à crapauds.

Personne
en parle, des
crapauds !

La colère des
pêcheurs, c'est
rien à côté de
celle des poissons.

*C'est de la merde, les
avions de l'armée
française, tu touches
les ailes, ça enlève la
peinture et y peuvent
plus voler.
Quand toute la forêt
d'Amazonie sera
coupée, à la place
t'auras des millions
d'hectares de ronces,
ça sera l'épine de la
Terre, cette forêt.*

*On mange pas
assez de poisson.
– Ils ont qu'à
enlever les arêtes !*

Si on ferait voter
les poissons des
rivières, le résultat
du vote y serait pas
le même, forcément.

Soit on les
protège, soit on
les mange,
faudrait savoir !
– T'en protèges
un, t'en manges
un autre.
– Oui, eh ben
c'est pas bien
honnête vis-à-
vis de la gent
aquatique.

L'homme, y vote
pour un homme à
chaque fois.

Au r'voir, m'sieur
Poisson !

On a mangé comme
des rois.
– Avec les doigts ?

L'espace c'est une vraie
poubelle, maintenant,
sauf que t'as pas de
couvercle.

... j'étais en panne
de bagnole, j'ai dû
détrousser chemin...

Quand je suis tout
seul et que ça va pas,
je m'en fiche, je
téléphone au hasard
et je parle aux
répondeurs, j'ai eu
des répondeurs qui
étaient moins cons
que des hommes !

*Je peux entrer dans
toutes les églises que
je veux, si tu veux je te
ferai entrer.*
– ...
*– Et dans les cafés
aussi si tu veux, tu
me suis, je te fais
entrer si tu veux...*
– ...
*– A la boulangerie je
rentre, je te fais entrer
si tu veux, tu me suis
derrière, tu rentres.*
– Quoi faire ?
– Acheter du pain !

Léger... léger...
léger...

Juste une paire
de demis et j'y
vais.
– Moi pareil.

C'est pas le soleil
qui se lève, c'est la
Terre qui tourne...

Si aujourd'hui on faisait des momies, elles tiendraient pas six mois, on n'a plus le secret des bandelettes.

Le problème, avec les sectes, c'est qu'ils croient à trop de choses en même temps.

Son prénom c'est David, alors y fait la secte des Davidiens, et les mecs le suivent !

Hector, les Hectoriens.

Jean-Patrick, les Jean-Patrickiens.

Une croyance en *une* chose, c'est le maximum que peut croire l'être humain.

Ils ont fait des piqûres aux enfants pour les tuer. – Moi, le mien, il faut lui mettre le produit sur un sucre.

Les chefs de secte, tu peux même pas les tuer, ils adorent ça, ces cons-là.

Tu meurs, tu vas au paradis, juste au moment où tu meurs on devrait te faire payer l'entrée, comme à Disneyland.

Les histoires de secte, ça finit toujours en suicide collectif souvent mal organisé.

Des pucerons dans les oreilles, et pourtant c'est un chien de la ville, faudra m'expliquer...

Il a cassé le ressort de la boîte à musique, il pleurait, je lui ai dit t'es fou, pleure pas, t'as vu comme elle est jolie, ta boîte à silence, ça l'a calmé...

La forêt c'est un peu comme la ville, t'as des oiseaux qui habitent des beaux arbres pleins de belles feuilles et les autres qui habitent les branches mortes prêtes à tomber.

Et si la Lune était habitée par des taupes ? C'est peut-être pour ça qu'on n'a rien vu ?

En passant à travers les murs, le fantôme voit bien si c'est fabriqué à la va-vite.

Noble vache !

Tu poses un œil de mouton dans une boîte en carton, ça te fait une sorte de petite caméra amateur.

Dans une grosse Mercedes, tout le monde croit que t'es le pape.

Laisse la porte ouverte, ça donne de la vie.

Déjà et d'une, il
n'y a pas de jockey
sur les boules...

T'as pas de hasard, dans le tiercé, tu étudies les chevaux, alors que pour le Loto, tu vas pas t'approcher pour voir si les boules ont la bonne forme et que le 9 par exemple y peut arriver dans les premiers si le terrain est pas trop lourd ?

Tout le monde fabrique des armes, même dans les usines Babar on fait des détonateurs.

Au cœur du palmier, t'as du bon.

Qu'est-ce qu'on va en faire, des socialistes ?
– Des lampes !

...du chewing-gum.

Il est Premier ministre depuis dix jours que déjà il est en vacances, le Balladur !

Y me paraît capab'...

Il a fait augmenter l'essence. C'est pas du boulot, faire augmenter l'essence, c'est un coup de fil.

Il faut que les robots payent les retraites !

J'ai reçu une invitation personnelle pour visiter une cave à vins.
– Personnelle ?
– Oui, personnelle !

Un canari échappé, il lui
faut à peine un mois pour
retourner à la vie sauvage.

Si ça fait pic-pic, c'est un pic.

*Il a neigé toute la nuit
mais la neige n'a pas tenu,
la terre est trop chaude,
n'oublions pas que nous
sommes une planète du
système solaire, la neige
c'est une anomalie.*

Anne Sainclair,
c'est la femme
la plus intelligente
du monde.

C'est comme
les apéros, s'ils
reconnaissent
trois millions
de chômeurs,
c'est qu'on en est
au moins à cinq
millions !

Ils font des flûtes
avec des os,
quand y soufflent
dedans ça envoie
de la moelle plein
le public.

Le vrai changement dans la société,
c'est que maintenant, par rapport à
l'ancien temps, les chiffres mentent
plus que les mots, le mensonge a
glissé de la littérature aux
mathématiques, si vous préférez...

Inverse le système de l'aspirateur, ça envoie de la poussière sous le lit, tous les systèmes inversés font de la poussière, tu inverses la paix, ça fait la guerre, et pendant la guerre faut voir la poussière sous les lits !

C'est des trucs de gosses, ces conneries-là...

Il est où, mon verre ?
– C'est celui-là, en pole-position.

On nous a habitués à ça depuis qu'on est petits, sinon on pourrait très bien dire maman à son père et papa à sa mère.

La société va plus pouvoir payer le chômage, un jour, tu verras, va falloir que les chômeurs bossent.

Le coiffeur, personne en est content.

La guerre ça fait
monter le prix
de la viande mais
ça fait descendre
le prix des gens, à
croire que les gens
c'est pas de la
viande...

C'est des gens, s'ils font
pas la guerre, ils ne
savent pas quoi faire,
alors qu'est-ce que vous
voulez faire ?!

C'est pas
lourd,
le prix du
Yougoslave.

*La Yougoslavie a toujours été en
guerre, si c'est pas dans les villes
que ça se bat c'est à la campagne,
et des fois dans les haies.*

De toute façon, on
est trop nombreux
sur Terre.
– Surtout eux !

On enlève
la gauche
pour mettre
la droite,
le progrès,
ça serait de
rien mettre
à la place...

Son Big-Bang
politique, Rocard,
tu parles, c'est tout
juste un Bang-Big...

Tu sais que c'est rare que je dise des choses comme ça mais c'est vrai, tu es le seul en qui j'avais pas confiance, tout le monde ça allait mais toi je t'aimais pas, c'était dans la conscience, je te voyais sur le chantier et je me disais, lui, c'est un enfoiré, tu sais c'est rare que je dise des choses comme ça, pour moi t'étais qu'une merde, mais attention, aussi, fallait voir ta dégaine d'enfoiré quoi, aussi, quoi c'est vrai, quoi non, d'ailleurs j'étais pas le seul à dire que t'étais une fiotte, tout le monde le pensait, mais tu sais y a que moi qui te le dis, tu sais que c'est rare que je dise des choses comme ça mais c'est du courage aussi de ma part, je suis pas une fiotte, moi, je te le dis en face que t'es une merde, attention, non t'es pas une merde, que t'étais une merde, et tu sais c'est rare que je dise des choses comme ça, c'est l'honnêteté que j'ai qui me pousse à faire ça, ça me pousse, je suis obligé de le faire par un certain côté de mon éducation, t'étais le seul en qui j'avais pas confiance, mais alors pas du tout, tu vois comme on peut se tromper puisque finalement t'es un mec super, et je le dis pas pour te faire de la lèche, non non, c'est ma conscience qui le dit par-dessus ma tête, t'es le meilleur copain que j'ai sur le chantier, les autres c'est des enfoirés, les mecs y disaient entre eux que t'étais une fiotte, ils le disaient doucement comme ça entre eux, c'est des lâches, au fond, hein, hein, au fond, moi je te le dis en face, si t'es une merde, mais eux, moi je m'en méfie maintenant, méfiance méfiance, pas se laisser avoir, les mecs te font des sourires et derrière ça te bave dessus, finalement c'est toi le mieux, comme quoi on peut se tromper, tiens, même que ma femme s'en va je m'en fiche, c'est toi que je préfère, tu sais que c'est rare que je dise des choses comme ça...

Le nucléaire c'est du solide, y a pas de petites vis.

Autour de Tchernobyl tout est contaminé, les pommes ont des noyaux.

Le 1 ne ment jamais, à partir du 2 ça commence.

Contre le nucléaire t'as pas de bon savon.

T'as le bien, le mal, et entre le bien et le mal t'as rien, pas un chat, personne...

Le bleu marine c'est bien pour la ville, mais à la campagne ça fait bizarre.

Sa machine à couper le jambon, elle va l'envoyer à « la Nuit des héros »...

Chez les abeilles, tout le monde fait les courses.

Le cinéma français ne va pas plus loin que le fond de l'œil, monsieur.

Partout où tu vas dans la campagne, tu finis dans des hangars.

Voyager ? Mais pour aller où ?

Monaco est construit sur un poulpe.

J'en ai plein sur mes fleurs, c'est des petits papillons orange, on dirait des mandarines qui volent.

Ici, t'as que des vétérans de comptoir.

J'ai passé tout dimanche à garder les petits de ma fille.
– Moi, à votre place...
– Du coup, je ne suis pas sortie.
– Moi, je serais vous...
– Je leur ai fait la cuisine.
– Après tout, c'est vous qui les avez faits, ces enfants, ou c'est elle !?

Les poubelles devant les pyramides étaient gigantesques !

Il n'y a pas d'autobus en Guadeloupe, et d'abord je ne vois pas comment ils auraient pu arriver là-bas...

Ah la la la la, ça y est, j'ai des taupes dans le jardin !
– Le mieux contre la taupe c'est le parking souterrain.

Tu penses à un ver, tu penses à un poisson, tu verras que très vite t'as une idée qui mange l'autre, c'est ça qu'on appelle le combat des idées.

Ils font venir les bouchons du Portugal, le temps que le bouchon arrive, la bouteille est déjà bue !

Si la banlieue existait pas, y aurait moins de voyous ! – Pensez ! Maintenant on en trouve dans le centre-ville !

L'oiseau chante mais en fait y parle, comme dans *les Parapluies de Cherbourg*, grosso modo.

C'est fini, la quantité, maintenant ce qu'y faut c'est la qualité, si en plus t'arrives à en produire en grande quantité, t'es le pape...

L'été, le soleil se rapproche et l'hiver le soleil se recule... combien... une bonne dizaine de bornes.

Dans les communautés hippies, il y avait des tours de vaisselle, ça je me souviens.

Elles picorent des petits cailloux, c'est pour former la coquille de l'œuf. – Moi ma femme, elle mange tout le temps des dragées.

Napoléon Ier *et Napoléon III, c'était pas deux Napoléon, c'était le même bonhomme déguisé, de toute façon deux Napoléon c'est pas possible, ils se seraient bouffé le nez.*

L'ordinateur le plus puissant maintenant te tient dans la main, tu le poses sur un meuble, tu sais plus où tu l'as mis.

C'est un bien beau temps pour marcher dans la ville...

La glace te transforme ni une ni deux un cochon en hibernatus !

Même si on arrivait à planter du blé sur la lune, du blé, on en a déjà trop.

Kafka se perdait tout le temps dans les couloirs.

S'ils font le tour du monde à la voile, c'est bien la preuve qu'il y a de l'eau partout !

« Les dix commandements », déjà rien que ça, ça t'explique l'autorité de la religion, c'est pas « les dix conseils »...

Il est où, votre papa ?
– Il se chauffe sur le trottoir.

Quand toute la planète
sera en ciment, ça sera la
fin des herbivores.

*La droite a moins
de cheveux que la
gauche,
normalement c'est
comme ça qu'on les
reconnaît.*

Balladur est bien gras,
si ça s'arrange pas on
pourra toujours le manger.

La télé, c'est fini.

Tout va
par deux,
dans la vie.

*La Terre est ronde à cause
de l'eau, si y avait pas les
mers, elle serait pas ronde,
mais non, elle serait loin
d'être ronde, l'eau ça fait
une goutte qui tourne, c'est
pour ça...*

Un président
de la République
pourrait très
bien pas avoir de
bras, quand on
voit toutes
les secrétaires.

En France, la
principale cause
de la mort c'est
l'arrêt du cœur.

Le héron est énorme et fait des nids de maçon.

Tu passes l'hameçon d'un bout du ver, là, et tu le repasses de l'autre bout du ver, là, un peu comme un Jésus.
– Ah d'accord, je vois.
– *Et le ver se décroche pas.*

Il a été transporté à l'hôpital et il est mort là-bas.
– A ce compte-là autant mourir chez soi !
– Ça évite le transport.
– Et la fatigue.

Quelqu'un qui va mourir, faut pas le bouger, c'est comme les plantes qui sont fragiles, on ne dépote pas.

Une Suze.
– Moi aussi.
– Avec un petit glaçon.
– Moi aussi.
– ...
– ...
– On se connaît ?

Vous vous rendez compte, je suis serrurier, ça fait dix ans que j'essaie de rentrer chez moi et ma femme ouvre pas, ça la fout mal pour un serrurier, vous trouvez pas ?

Ça fait dix fois que Rambo passe à la télé, dix fois que je regarde, eh bien je n'ai toujours pas vu d'erreur dans le scénario.

Dans ses livres à Jules Verne y a pas de chômage, comme quoi il avait pas tout prévu non plus, celui-là...

Cinq semaines en ballon ça fait cinq semaines de congé, comme quand tu travailles dans une banque, au fond...

Sans l'homme tout est tordu, regarde les murs des grottes.

Les légumes ont pas besoin de l'homme pour pousser, sauf qu'ils pousseront tordus, voilà tout.

Les casques bleus c'est du bidon ! Déjà, rien qu'à voir la couleur des casques ça fait pas sérieux.

Ils ont des poissons dans leur évier, ça c'est rien, mais les petits cochons montent sur les fauteuils !

Ils ont écrit « connard » sur sa boîte aux lettres, et le pire c'est qu'il continue à recevoir du courrier !

Dans tous les refuges pour animaux t'as une permanence de nuit pour accueillir les chiens d'ivrognes.

J'ai pas de chien

Vous pourriez pas éplucher votre mandarine plus loin ?
– ?
– C'est pas une éplucherie, ici !

Le mont Blanc c'est une crème, je te dis !

C'est la mode des cravates avec des petits animaux, si tu fais une tache dessus, faut absolument qu'elle soit en forme de petits animaux.

On ne peut rien contre le chômage, y a plus de boulot, y a plus de boulot qu'est-ce que tu veux, c'est comme ça, c'est comme ça, on va pas inventer du faux travail juste pour faire baisser le chômage, genre promeneur de bulles ou des conneries pareilles !

C'est dire si c'était pas cher, cinquante centimes le pastis.
– C'est symbolique.

Les haricots verts viennent du Mali !

A dix centimètres sous l'eau tu respires pas mieux qu'à cent mètres en dessous, c'est pas dégradé en oxygène.

Le champignon de Paris a deux cents ans, comme les États-Unis.

Je lui fais son ménage et je lui arrose ses fleurs, comme elle est paralysée elle salit pas, par contre avec le chauffage les plantes ont toujours soif.
– Tout est immobile chez elle, alors...
– Quand j'y suis, pas tout.

Le prêt-à-porter, il est prêt, tu le portes, tu parles d'une invention !

Un journal peut pas vivre sans publicité, si dedans t'as, par exemple, « achetez de la purée », le journal y peut vivre, c'est comme ça, la presse maintenant, faut acheter de la purée.

Les décharges, on devrait les transformer en Disney-décharges, avec de l'imagination et des couleurs tu fais le château de la princesse dans les poubelles ! Et ça coûterait quoi ? Trois fois rien.

Ça fait vingt ans que dans le village on n'avait pas vu quelqu'un marcher aussi vite ! Un randonneur... un jeune... faut dire aussi que depuis vingt ans on n'a pas de jeunes.

Y te déplacent des immeubles sur des roues, bientôt on déplacera des villes pour faire passer la route...

Tous les peintres ont copié les autres peintres, sur le *Radeau de la Méduse* c'est les mêmes invités qu'au *Sacre de Napoléon*...

Si tu copies pas le visage, minimum tu piques le chapeau.

L'ENA à Strasbourg ? Dans Strasbourg ? Le Strasbourg que tout le monde connaît ? Celui-là ?

Dans les tableaux la femme est toujours belle, c'est l'huile de la peinture qui est bonne pour la peau.

La puce médiévale était plus grosse que maintenant, elle piquait à travers les armures.

D'un état à l'autre, les lois changent, en Californie, c'est telle loi, au Texas c'est telle loi...
– En France c'est pareil, à Paris t'as pas le droit d'élever des cochons, en Corrèze c'est autorisé.
– C'est pas pareil qu'aux États-Unis.
– Ah bon ?! Et t'as des cochons à New York, peut-être ?

Sur le porte-avions t'as l'avion, dans l'avion t'as le pilote, dans le pilote t'as l'œuf mayonnaise, c'est un peu une radio de l'armée française que je te fais là, vite fait.

Matisse, c'est l'humour de Van Gogh !

Hier j'ai entendu le
grand chanteur d'opéra.
– Lequel ?
– Mais si, celui qui
chante bien.

T'as déjà mis tes
manches courtes ?!

*On croyait qu'après 140 à l'heure,
la voiture s'écrasait contre les
moucherons, et finalement, c'est
contre les poteaux.*

Avec la droite
ça va changer !
– Ta droite, elle
rajoutera pas
des points aux
coccinelles.

Celui qui est dans
le side-car passe
au ras de la route,
y se fait tous les
hérissons.

Je l'ai eu dans
le désordre.

C'est pas la caméra qui
était cassée mais c'était la
pellicule qui était finie...

Ouf !

*En 2050, un
Français sur trois
aura plus de
60 ans.
– Nous, déjà, on
aura 110 ans.*

J'aime bien l'odeur
de l'essence, c'est l'haleine
de la mécanique.

Le château de Chambord, architecturalement, c'est une broussaille.

Des guerres comme celles de maintenant, dans mille ans on n'en parlera plus, on les apprendra même plus à l'école, tiens !

C'est en vidant le canal pour le nettoyer qu'ils ont retrouvé ma mobylette.

Les guerres filmées en couleurs resteront moins que les guerres filmées en noir et blanc, tu rigoles mais tu verras si j'ai pas raison ! Tu verras !

C'est une semaine très gastronomique, puisque j'ai mangé quatre fois du bon.

Le mieux, pour résoudre les problèmes de la ville, c'est de la mettre sous une cloche et de faire pousser des fleurs...

En Inde, le parfum remplace encore la savonnette, ah oui...

Le beurre de printemps est plus parfumé, les vaches ont des fleurs dans les compartiments.

Les femmes...
– Y en a moins qu'avant, déjà...

Des moustiques comme des poignées de valises !

Pêcher la carpe, c'est du sport !

C'est pas ça qui s'appelle le bonheur, mais enfin bon, le chauffage central, ça s'améliore.

La pêche au lancer, c'est pas une pêche de pédé !

T'as vu ces orages ?
– C'est des orages tropicaux.
– Tropicaux ?
– Oui, plusieurs orages tropical.

Si t'es assez riche pour te payer le voilier, t'es assez riche pour te payer le vent ! Pourquoi un vent s'appellerait pas Get 27 ?

L'Homme croit qu'il a dompté la nature en faisant passer des rosiers grimpants dans des cerceaux...

Le vent passe à Tchernobyl et après y va dans les voiles, du coup c'est de la triche, le voilier avance au vent nucléaire !

L'âme est dissoute dans le cerveau, quand le cerveau disparaît l'image reste, ça fait un dépôt comme des cristaux de sel, ça scintille quand on déterre le crâne.

Un choco BN à la fraise ne devrait pas porter le nom de choco.

Brice Lalonde ?! Il a une grande gueule, mais tu le verras jamais faire le ménage chez lui !

Si Bérégovoy se suicide, ça veut dire que c'est pas trois millions de chômeurs qu'il a laissés, c'est quinze !

Une balle dans la tête, si tu te rates t'es un légume, oui oui t'es un légume, pareil qu'une balle directement dans un légume, c'est pareil.

Les gars qui font le Bébête Show, je leur tirerais une balle dans la tête aussi !

Moi je l'appelle Bérégovoy, quand on l'appelle Béré ça fait chapeau.

C'était un fils de pauvre. – Et il est mort comme un fils de pauvre...

C'est les pauvres qui aiment pas les pauvres, les riches eux s'en foutent.

C'est le seul de tous les hommes politiques qui ait un peu de courage ! Mitterrand, à cent deux ans, y bouffera encore dans la porcelaine !

Selon les anciennes lois ecclésiastiques, on n'a pas le droit d'enterrer un suicidé en passant à l'église, mais une fois de plus pour les politiques y a des passe-droits !

Un suicidé ne va pas au paradis, ni en enfer, un suicidé va nulle part, il reste là, dans le cimetière, à attendre que ça se passe, tout seul, à moins qu'il y ait d'autres suicidés...

C'est de la faute aux journaux, tout le temps à dire du mal des autres ceux-là, même dans l'horoscope y a des vacheries, des fois !

L'Honneur c'est une vieille idée, d'abord quand on a de l'honneur on fait pas de politique !

Ils enterrent les gens dans la télé et après ça fait des mouches sur le poste.

Mourir au bord d'un canal, pour moi qui suis pêcheur, ça me parle...

S'il pouvait y avoir un peu plus de suicides chez les hommes politiques et un peu moins chez les honnêtes gens !

C'est courageux, de se suicider !
– Il avait qu'à partir en Éthiopie aider les pauvres, si vraiment il était courageux !

On a fait disparaître la honte du sida, c'est pas pour garder la honte du chômage, tout de même !

Tout le monde était autour du cercueil de Bérégovoy, toute la droite, toute la gauche, le mec qui fout une bombe dans le cercueil, t'as plus un homme politique en France !

« Soudain, sa femme s'effondre »...
– Faites voir !
– ...
– C'est où ?
– C'est là, mais y a pas de photo.
– Ah...

T'enlèves la fanfare et tous les morts se ressemblent.

C'est pendant la cérémonie qu'on voit une différence, mais une fois qu'il est dans la terre, Bérégovoy, il est comme tous les autres morts, d'ailleurs tu vas dans le cimetière la nuit, t'es même pas sûr de retrouver la tombe, c'est pour dire...

C'est de la faute à la télé qui disait qu'il avait des chaussettes pas belles.
– Et il est mort pour ça ?!
– Y paraît.

Une bille en verre vaut deux billes en terre, l'œil à Le Pen vaut deux billes en terre.

Un fruit pas lavé peut tuer un homme déjà malade.

Le luxe, c'est
un self-service
que pour toi,
où tu te sers
que toi.
– Avec une
caissière,
quand même...
non ? Non.

La dette de la France
est énorme, d'accord,
mais elle les doit à qui,
les sous ?!

*Un jour on cultivera
des fraises sur la lune,
et les mecs renverseront
les fusées sur les routes,
parce que la fraise
lunaire sera moitié prix
de la fraise terrienne...*

La pointe extrême de
l'Occident est en
Bretagne, quand tu vas
te baigner tu quittes
l'Occident.

L'Orient, c'est
de l'autre côté.

*T'es là ?
– Oui je suis là,
je noue mon lacet.
– Je croyais que
t'étais parti !
– Mais non, je noue
mon lacet...
– ...
– On peut plus se
pencher avec lui...*

Le chômage c'est quoi,
au fond...
– Oui...
– C'est pas que
l'homme travaille pas...
– Non...
– Ça c'est autre chose.
– Oui...
– Le chômage c'est un
état d'esprit spirituel.
– ...
– T'as du travail mais
dans ton esprit tu peux
être au chômage si tu
penses pas ce que tu
fais.
– Oui.
– Et nous, là, dans
le spirituel,
on bosse.
– Oui.

*...Depuis
que je suis
enceinte le
vin me
dégoûte...*

L'air a la mémoire des bruits, si tu klaxonne dans un désert plus jamais le désert ne retrouvera le même silence, le silence d'avant-klaxon...

On dirait que c'est l'homme invisible qui a ouvert la porte, mais en fait c'est le vent.

Les tremblements de terre ne touchent pas seulement les villes, la campagne tremble aussi, sauf que t'as pas les immeubles, alors ton tremblement ne casse rien, sinon trois fermes en mauvais état et une vieille qui a le cœur qui lâche, un tremblement de campagne ou rien c'est pareil, la campagne c'est les orages qu'elle redoute, par un certain côté la campagne est plus moderne dans ses fléaux, c'est la foudre qui attaque, alors que la ville c'est les trottoirs qui se rebiffent...

Un ciel rouge, bas, épais comme la paroi du cœur...

... paraît qu'y a déjà plus les carreaux, sur leur pyramide du Louvre...

T'étais pas clair, à la foire !

Les astronautes partent,
reviennent, on nous dit plus rien,
on nous dit jamais rien, à nous !
On entend ça par hasard, « la
navette tourne dans l'espace »,
et c'est tout, faut le découvrir
par nous-mêmes !

> Pauvre merde !
> – Qu'il est bête,
> celui-là.

Si tu fais
partie d'une
secte de
l'apocalypse,
on te laisse pas
sortir.
– Et les
courses ?
– C'est le
gourou qui va
les faire avec
ses sbires.

Quand tu meurs
dans ton lit, les draps
sont jetés.

> *Véronique Sanson a
> fait du porno avant de
> chanter, j'ai une
> cassette à la maison,
> d'ailleurs elle a un
> bracelet autour de la
> cheville droite, c'est le
> signe des anciennes
> putes.*

Avec les licornes
on ferait des cannes
de billard.

Tu as tous les cas
de figure, chez les
oies, si dans le
couple une meurt,
l'autre retrouve une
autre oie tout de
suite, ou plus tard,
ou alors elle reste
seule jusqu'à la fin,
ou elle devient pédé
comme Aragon.

Les femmes mariées
les plus polies, on les
trouve à Roubaix.

Une honte, cette
prise d'otages !
Une honte ! Des
enfants dans une
maternelle ! Une
honte ! Il y a des
prises d'otages
dont on se fiche,
mais là c'est une
honte !

Le RAID, c'est une sorte
qui boit pas, ou très peu.

Je vais l'inscrire
à cette école-là,
il a la boucherie
dans le sang.

L'institutrice a été
formidable !
– Moi , au début, je
croyais qu'elle était
dans le coup.

*Je serais institutrice,
moi, je demanderais
une brique par enfant,
c'est quand même moi
qui les ai sauvés non ?!
Non ? C'est trop ?*

Des enfants ! Vous
vous rendez compte !
Des enfants ! Des
minuscules comme ça !
Vous vous rendez
compte ! C'est honteux !
Un homme qui prend
des enfants comme ça
en otages c'est pas un
homme, c'est un
animal, c'est une bête !
Et encore les bêtes
elles respectent les
petits ! Pas toutes, vous
me direz...
– J'ai rien dit.

Une femme
enceinte, c'est
comme si elle
gardait son enfant
en otage...

Les gens sont fous,
et à deux pas de chez
nous !

*Une institutrice
aussi courageuse
que celle-là, je me
demande bien
pourquoi elle perd
sont temps avec
les gosses !*

de police

Et pendant que les gosses étaient pris en otages, Mitterrand se promenait !

Dans le silence y a du bruit, mais en poudre.

Ça doit pas être marrant, d'habiter Cannes pendant le festival, avec tous les gens saouls et les bruits des pétards.

De la justice, t'en as un peu partout en petits bouts, mais c'est la concentration qui est pas bonne.

Le festival de Cannes, c'est bon pour les ploucs, maintenant t'as rien comme stars, t'as que des gens des jeux télé.
– Comme à Saint-Tropez.
– C'est le même coin.

Malheureusement c'est comme ça, c'est interdit sur les balcons, sinon tout le monde en aurait, et si la tortue elle tombe du sixième sur la tête de quelqu'un... vous imaginez.

Si tu sais pas que c'est le festival de Cannes, tu crois que c'est un autre festival.

C'est des formes de verres étudiées en soufflerie.
– Comme les avions ?
– En plus petit.

Le prix de l'asperge baissera comme il a toujours baissé.

La molaire oblige le dentiste à enfoncer ses mains dans la bouche, c'est une dent qui fait plus garage que les autres.

Laver la fraise, c'est tuer la fraise.

Je les confonds toujours, les deux, là, Serge July et le gars de chez Marie.

On viderait l'Atlantique qu'on en trouverait, des saloperies, au fond !
– Rien que dans le canal Saint-Martin on retire je ne sais pas combien de machines à coudre... de toute façon comme vous avez dit tout à l'heure, on en est à l'heure où on ne peut plus rien vider.
– A Brienon ils ont trouvé un cadavre dans une fosse.
– J'avais une mare : au fond, elle est à sec maintenant, j'y ai trouvé une serpette et une bassine en fer.
– Dans ma cave, des vieilles pièces de l'époque, moi, vous savez, les pièces à trou.
– Tiens ?
– C'est quoi ?
– Une dragée, dans le fond de ma poche.
– ?
– Alors celle-là, d'où elle vient ?!

Un rayon de soleil ou rien c'est pareil.

Il n'y a pas du suicide chez les animaux, même chez la mouche qui mange souvent mal.

Aucun animal se suicide, c'est que l'homme et toc qui fait ça, parce que l'homme c'est le seul qui sait qu'il est vivant, les animaux y vivent et toc c'est tout, ils ne le savent pas, un peu comme quand on dort, tu dors et toc tu rêves, mais dans le rêve tu n'as pas conscience que tu dors, tu dors et toc c'est tout, l'animal lui, il vit comme nous on dort, il vit dans le sommeil si tu veux, il rêve, alors que l'homme vit éveillé, tout ce qu'il fait dans sa vie il le sait et toc il voit tout, il a les yeux ouverts sur toutes les minutes de la journée et de la soirée jusqu'au moment où il se couche, et toc il dort, là il recommence à vivre comme un animal, d'ailleurs aucun homme s'est jamais suicidé pendant son sommeil, non, il dort comme un bébé, c'est ce qu'on dit, et le bébé est plus proche de l'animal que l'adulte, et toc ça aussi ça appuie sur mon idée, le petit bébé, le petit animal, pas de suicidés, le bébé sait pas qu'il vit, voilà tout, point final, c'est pour ça que le suicide de l'homme c'est pas du courage mais c'est de la lâcheté, il voit que y a pas moyen de vivre sans redevenir un animal ou un bébé à cause de son travail ou autre chose, alors au lieu de redevenir un animal ou un bébé qui dort toc y préfère mourir comme un homme qui dort plus, souvent le suicide vient de là, on dort plus, alors franchement le gars qui se suicide ça m'épate pas, c'est rien qu'un trou du cul qui méprise les bébés qui dorment, Bérégovoy ou pas Bérégovoy, j'ai pas peur de le dire tout haut, et voilà, c'est fait, et toc.

De loin on dirait un hibou.
– C'est ses cheveux qui font ça.

Dans un Allemand tu mets un pichet de deux cents litres.

Vivement la voiture électrique, j'ai plein de potes à EDF.

La mode se démode, alors que si t'es pas à la mode tu le seras jamais, tu seras toujours démodé.
– Moi, les habits, je m'en fiche.

La nature a tout prévu, tu reçois la foudre et les gendarmes arrivent.

Les papes disparaîtront le jour où disparaîtront les tissus de qualité.

Je serais géant, j'aurais plein de camions sur les murs.

Ce qui ne saurait tarder...

Y a pas plus malheureux que Charles Trenet.

Tu auras toujours de la mauvaise foi chez un arbitre, puisque ce n'est qu'un homme...

*Un petit verre de bordeaux fait partir les ganglions du cou chez l'enfant.
– Ah ? C'est anti-ganglions, en plus ? Je le savais pas.
– Peu de personnes le savent, en fait.*

Il a une folie normale, ce qui ne veut pas dire qu'il est normal, non, lui est fou, c'est sa folie qui est normale.

Milan-AC, ce n'est rien d'autre qu'une machine à gagner.

*Depuis qu'il a mis des fleurs à son balcon, dans la cité tout le monde l'appelle « l'homme au balcon fleuri ».
– Des fois on va chercher midi à quatorze heures pour un nom, alors qu'en fait...*

L'image virtuelle, c'est une image d'un monde qui n'existe pas.
– Comme dans les boîtes de Vache-qui-Rit !

Dans l'écriture chinoise, la virgule on dirait un gril pour la viande.

Il est que ça, comme heure ?!

L'humour ça radote, en ce moment.
– Les humoristes sont trop vieux, à partir de trente ans ça fait plus que des blagues.

Le karaté, c'est d'abord une école de discipline.
– Comme le judo.
– Mais non ! Le judo faut de la souplesse, c'est tout.

On a beau en acheter, du dentifrice, y a toujours un matin où y en a plus.

A peine il est réveillé qu'il allume la télé, y peut pas s'en empêcher, un jour c'est la télé qui l'allumera.

Mon meilleur pour moi c'est Higelin, mais le Higelin d'avant les concessions au Top.

Ionesco, c'est une sorte d'absurde à l'envers.
– C'est souvent comme ça.
– ...
– ...

Qui tu dis ?
– Le pape, on le pèse tous les matins, pour savoir le poids du pape.

Faut jamais te faire
bronzer à midi.
– Le soleil ?
– Non, tu rates l'apéro.

*Je me mets
toujours de l'anti-
fourmis dans les
poches, comme ça
j'ai jamais de
fourmis dans les
poches.*

Ça existe encore,
les vélos avec
des sacoches, si,
ça existe encore !

Dans son quartier
c'est une vedette, mais
comme c'est un tout
petit quartier, ça rend
pas jaloux.

*... Si à midi je suis
parti, à une heure je
suis là ; si à une
heure je suis parti, à
deux heures je suis
là, je pars toujours
une heure.*

*Atchoum !
– T'as attrapé
le chaud et froid
du vin chaud
vin froid ?*

A partir de huit heures
t'as plus de pain dans les
boulangeries...

*Tu peux pas
détruire un sous-
marin, tu le coules,
mais lui il s'en
fout puisque de
toute façon, lui,
c'est là qu'il habite,
lui, sous l'eau, si
tu veux le détruire,
le sous-marin, tu
le mets dans un
pré à la campagne.*

Le cinéma ça marchait
bien, au début, mais
maintenant t'as trop de
films, trop de films nuit
au film si tu préfères...

L'Everest a rapetissé de deux mètres, ça vaut plus le coup d'y monter.

Elle fait jeune, bien sûr, mais Carole Bouquet elle a le monde à ses pieds pour lui enlever ses poches sous les yeux.

Si on a cette année des chaleurs comme on a eu l'année passée, l'année sera chaude, croyez-en un spécialiste !

Un clochard ça prend la place d'un banc, et quand c'est mort ça prend pas beaucoup plus de place.

Leur emprunt d'État de 40 milliards, moi je leur donnerais bien, leurs 40 milliards, mais je les ai pas...

Le matin, le soir, le matin, le soir, le matin, le soir, ça radote un peu...

C'est une très gentille femme, d'habitude...
– Oui mais enfin bon, voyez samedi par exemple, il est resté là toute la journée.

« Le révérend Moon », ça fait un peu camembert, comme nom.

J'ai rêvé en américain !
– Hier soir ?
– Cette nuit ! Et je disais,
yes, hello, à un pompiste.
– C'est pas de l'américain,
c'est de l'anglais, t'as rêvé
en anglais.
– En anglais ?
– T'as pas vu un film en
anglais ? Des fois c'est
aussi con que ça.

Y vont tout privatiser, AGF, la BNP, Renault...
– Ferait mieux de privatiser la misère !

T'as pas intérêt à dire que t'es socialiste si tu veux jouer au baby-foot avec lui...

C'est pas la peine d'aller voir les stars à Cannes, on les voit mieux à la télé.

Moi je m'en fous, l'OM a gagné,
alors tout le reste...
– Quel beau but !
– Même ça je m'en fous, ça serait un
moche but c'est pareil, l'OM a gagné
c'est le principal.
– Oui mais quand même, t'as vu
ce but !
– Moi je m'en fous, l'OM a gagné,
alors les buts...
– ...
– Qu'est-ce qu'on s'en fout des buts...
ON A GAGNÉ !
– ... de la tête...
– Pfu...

On voit tout mieux à la télé, les films, le sport, et même quand y a rien à la télé c'est mieux que quand y a rien ailleurs...

Fastoche, l'Annapurna.

Le chômage est généralisé partout dans le monde, et pour la France c'est pareil, ni plus ni moins qu'ailleurs.
– Je suis désolé mais moi, ailleurs, je ne suis pas au chômage.

L'étranger né en France devra demander la nationalité française à sa majorité.
– Alors qu'avant ?
– Il l'avait de force, évidemment.

Tout veut dire quelque chose, sauf ce qu'on comprend pas qui veut rien dire.
– Et encore, pas sûr.
– Si, pas sûr.

Tout le temps, tout le temps t'auras du chômage, c'est obligé, c'est la nature, dans la nature tout le monde a pas de coquille, par exemple, c'est un exemple type.
– Je vois pas le rapport.
– Ben si ! La coquille ça se fabrique ! Et t'en as qui en fabriquent pas, c'est comme des chômeurs, ceux-là.
– Désolé, mais un oiseau qui a pas de coquille, c'est pas pour ça qu'il est chômeur.
– Hein ! Les oiseaux ça fout jamais rien !
– Et le nid !
– Un mois par an, si t'appelles ça du boulot...

Si tu nais en France t'es pas forcément français, il faut naître à l'intérieur d'une Française.

Mitterrand au Panthéon ? A Pantashop, pas plus !

Le citron, ça me fait grincer des yeux.

Si je te dis que toute la poste va venir boire un coup et que tu prépares les verres à l'avance, c'est pareil, c'est un délit d'initié.

Le triangle des Bermudes, c'est ce qu'on dit, mais vu d'avion c'est pas un triangle, c'est un carré, le carré des Bermudes. Mais au fond ça ne change rien, peut-être même que ça rajoute du mystère, on sait pas, c'est tellement bizarre, ces trucs...

Un bon boudin c'est top.

La Delta Force, c'est mythique.
– La Delta Force, c'est de la merde.
– Oui, eh ben j'aimerais bien te voir lui dire en face, à la Delta Force.

*C'est des cartes
postales de l'époque,
dessus c'est l'époque
qu'on voit dessus
prise en photo, de
l'époque com' celle-là
t'en as plus, c'est
pour ça que ça coûte
du pognon, du
pognon de
maintenant, à
l'époque cette époque
ça valait rien.*

T'as pas de tennis
en nocturne, à cause
que la balle risque
de casser des
ampoules.

Plus le monde est
moderne, plus la
pluie tombe vite,
en 2000 elle tombe
plus vite qu'en 1600
évidemment...

Chaud devant!...
tiède devant!...
froid devant!...
– Putain ça
refroidit vite, ici.

C'est inimaginable
ce qu'on a pu boire,
inimaginable.
– Ils ont des bons vins,
là-bas.
– Inimaginable!

*L'amour pur, et
comment ça
pourrait exister ?
Tu pleures un peu
et ça met de l'eau
dedans.*

Un sport que
je ne regarde pas
c'est le handball.

Les ouvriers vont
disparaître et après
on se demandera
où ils sont.

*T'imagines le bruit
des machines si dans le
monde tout le monde
travaillait ?*

    Si on n'est pas
    soudés on est foutus.
    – Parle pour toi !

Si t'es français,
t'es français,
si t'es pas français
t'es pas français,
si tu voulais être
français t'avais
qu'à être français,
après tout !

*Pour aider la formation
des jeunes, déjà faut
attendre qu'y vieillissent,
et d'une...*

Un prisonnier
politique libéré
redevient jamais
tout à fait normal, il
s'enferme des heures
dans les cabinets, à
réfléchir.

Balladur, pour
moi, c'est une
grosse valise
avec une petite
poignée, c'est
tout ce que c'est.

*Mais non ! Le
chômage tu pourras
plus le faire baisser !
On va devenir
comme des chats sur
des chaises !
– Et alors ?*

Depuis que
Franco est mort
il a été où, le
progrès, en
Espagne, même
les taureaux se
droguent...

Tout l'argent qu'on donne au tiers monde, on le donnerait pour le sida...
– D'autant que dans le tiers monde y a le sida et eux, les sous, y s'en servent pour manger !
– C'est fichu par les fenêtres.
– Si au moins...
– Mais non...

C'est quand même des fumiers, soit on réduit ton salaire et si tu veux pas t'es viré !
– C'est à cause de la peur du chômage.
– Moi j'ai pas peur du chômage, mais bosser pour rien... alors là, c'est comme le cancer des bienheureux, ça !

Si on veut me baisser mon salaire je dis non.
– Moi je dis pareil.
– C'est pas la peine de faire tout comme moi !
– Je fais pas tout comme toi.
– Je suis pas le roi du syndicat moi, tu te démerdes tout seul !
– Je sais !
– Si on te diminue je m'en fous du moment que moi on me laisse mes sous.
– Ah elle est belle, la classe ouvrière !
– Y a plus de classe, d'ailleurs, y a même plus d'école.

Un étranger en France ne peut pas être français, mais d'un autre côté il ne faut pas oublier qu'un Français en France ne peut pas non plus être étranger, ça marche dans les deux sens, faut pas oublier ça, que ça marche dans l'autre sens, et qu'on nous l'interdit, et qu'on ne crie pas, nous... de pas être étrangers... nous... je sais plus ce que je dis, moi...

... Une toute petite pollution dans le ruisseau, y avait une ablette qui flottait...

Toujours un élastique dans la poche, toujours, et si un jour j'ai besoin d'un élastique, facile, j'en ai un dans la poche, c'est pour ça...

Le puceron est un ennemi redoutable qu'il ne faut pas négliger.

Les chirurgiens te font deux poumons à partir d'un seul mais tu payes pareil.

Au foot quand ça veut pas rentrer ça veut pas rentrer, et si d'un coup ça rentre c'est de la chance neuf fois sur neuf.

Si j'étais un docteur je me mettrais tout le temps en arrêt maladie.
– T'as pas le droit.

Alors ! C'est pour aujourd'hui ou pour demain ?

C'est un restaurant qui est bien, vas-y, ça a bon goût.

Lelouch ?
Celui de la télé ?

Le rock, c'est pour les garçons.

J'aime bien l'écriture parce que c'est un boulot où il n'y a pas de réunions.

*Quand t'as envie
de téléphoner
c'est un mécanisme
dans ta tête, ça
se met en route
et tu téléphones.*

La nuit, c'est les
vacances de la journée.
– T'es tout le temps en
vacances, toi.
– Oui.

C'est un téléphone
que tu as sur toi et
tu peux téléphoner
d'où tu veux.
– N'importe où ?
– De la rue.
– De la rue ?
– D'ici.
– D'ici ?
– Si tu veux.
– Pour dire quoi ?

La nuit, on
pourrait en
parler toute
la journée.

*La pomme de terre est
un légume pour ainsi dire
intelligent puisque même
les plus grands savants
en mangent...*

Il arrose
la naissance
de l'univers.
– Oui, en
attendant je
l'ai à l'œil.

L'ONU ou rien, c'est
pareil ! Une bagarre
dans mon bar, moi je
demanderai pas à
l'ONU.

Marguerite Duras,
elle buvait chez elle,
elle allait pas au bistrot,
elle sait pas faire parler
les gens, y a pas de
dialogues dans ses livres.

*L'organisme
s'habitue
à la pollution, et
même à la limite
il en redemande.
– Moi, la fumée
me dérange.*

Le vin rouge c'est pas
comme le vin blanc,
une année de plus
c'est important.
– C'est un proverbe ?
– Non, j'en fais jamais.

Au Millionnaire
je prends toujours
le numéro 12 et
je gagne jamais
rien.

C'est un
crémier pilote
qui fait des
expériences.
– Ça fait peur.

*Tu flottes dans la
piscine et ça te fait
un peu comme si
tu étais dans le
plasma.
– Et tu plonges du
dix mètres toi ?*

Bientôt on fera
fabriquer les
andouillettes dans
le tiers monde sous
prétexte que c'est
moins cher !

L'éternité, au
bout d'un moment,
c'est long.

73

C'est quoi ?
– C'est pas pour boire, c'est pour faire joli, de la crème de noisette, personne en boit jamais.
– De la crème de noisette ?
– C'est ça, de la crème de noisette.
– ...
– ...
– ...
– Ça fait joli.
– C'est une bouteille pour les yeux.

Il en faut, des gens qui travaillent.
– Pendant qu'ils le font, on n'a pas à le faire.

A Royal Bar ? Qui ? Quand ? Non ? Si ?
Ben putain.

Messieurs...
– La cour !

On a aucune preuve du big-bang.
– Mais si on en a.
– Alors ça, je voudrais bien que tu me les montres, alors !

Toutes les étoiles, t'en enlèves la moitié, il en restera toujours assez pour faire un ciel étoilé ; par exemple tu renverses du sucre en poudre, t'en as partout, t'en renverses que la moitié, t'en as quand même partout.

Si on pouvait faire tomber l'eau depuis les étoiles, les déserts seraient tout verts.
– *C'est du rêve.*

La dernière année...
– ...
– Y te prennent que la dernière année, les impôts.
– Tiens, tu nous remets ça.

Tous ceux qui travaillent dans les bureaux sont paralysés huit heures par jour, tu rajoutes des roues aux chaises et c'est la même chose, et ils sont contents !

Je suis un adorateur du radis.

La dernière année...
– ...
– La dernière année...
– Oui eh ben ?
– La dernière année...
– Quoi ?
– Là y prennent pas.
– Quoi ?
– La dernière année y prennent pas.
– ...
– C'est comme ça.
– ...
– La dernière année...
– Tiens, tu nous remets ça.

On aurait moins de violence à la télé, peut-être qu'on en aurait moins dans les rues, peut-être même qu'on en aurait plus nulle part, c'est vrai aussi, à force de voir du sang, du sang, du sang, tout le monde devient fou.
– *Hier c'était « Histoires d'en rire ».*
– *Je l'ai vu, eh bien dans les escaliers, ce matin, les gosses ils en racontaient.*

Pourquoi t'écris pas à une agence, pour avoir une femme ?
– C'est des arnaques, on t'envoie des photos de belles et si t'es d'accord, manque de pot il en reste plus et on t'envoie une moche, non merci.
– Alors t'as qu'à draguer !
– Où ?
– Dans la rue.
– Quelle rue ?
– Je sais pas... là, devant.
– Là devant ?
– Pas juste devant, quand même, un peu plus loin.
– Au bout de la rue ?
– Pourquoi pas.
– Au bout, y a pas de femmes.
– Le jour du marché.
– Le jour du marché, au bout, c'est un camion.
– J'ai pas de conseil à te donner, mais à ta place j'écrirais à une agence.

Tu me donnes un Bingo.
– *Un Bingo ?*
– *Un Bingo.*
– *Un Bingo ! Bingo Bingo !*
– *Bingo !*
– *Bingo Bingo ! Un Bingo !*
– *Bingo !*
– *Bingo Bingo ! Et voilà le Bingo !*
– *Bingo !*
– ...
– ...
– ...
– *Rien.*
– ...
– *Tu me redonnes un Bingo.*
– *Un autre Bingo ?*
– *Un autre.*
– *Un autre Bingo !*
– *Bingo !*
– *Bingo Bingo ! Et un Bingo !*
– *Bingo !*
– *Bingo Bingo ! Et voilà le Bingo !*
– *Bingo !*
– ...
– ...
– ...
– *Rien.*
– ...
– *Tu me redonnes un Bingo.*

Pour moi Johnny est supérieur à l'homme dans le sens où l'homme ne chante pas alors que Johnny lui, il chante.
– Johnny Hallyday, le chanteur ?
– Oui, le chanteur, il est au-dessus de l'homme.
– Pourquoi ?
– Je viens de le dire.
– T'as pas le droit de dire ça, t'as le droit de dire que tu aimes ses chansons mais tu as pas le droit de dire qu'il est supérieur à l'homme.
– Je dis ce que je veux, je suis un rebelle.

Je m'en fous, de toute façon si on me demande mes papiers je les montre pas, et de toute façon j'en ai pas, je les ai perdus et en plus j'ai même plus mon permis, le flic qui me demandera mes papiers, c'est sur un caillou du désert qu'il va tomber !

Tu peux rien contre le chômage puisque maintenant c'est devenu un problème à l'échelle mondiale, d'ailleurs on a noté des cas de chômage jusque dans des pays comme la Somalie, dans des villages déserts qu'on connaissait même pas, c'est des gars de Médecins sans Frontières qui ont découvert ça, des gars formidables soit dit en passant...

Il est tout le temps en train de montrer les photos de ses enfants dans les cafés comme s'il les adorait, et le soir il rentre tout le temps saoul et il leur tape dessus.
– Ça c'est vrai, c'est un peu idiot.
– Et le plus fort c'est qu'il ne perd jamais une photo !
– Y a vraiment un bon dieu pour les alcooliques.

C'est une société de la communication, si tu communiques pas c'est comme si tu existais pas.
– ...
– *T'es dernier, alors que si tu communiques t'es premier.*
– ...
– *Y a même des écoles pour apprendre à communiquer.*
– ...
– *C'est cher, mais après tu communiques.*
– ...
– *Et à notre époque, même si t'es glandeur c'est pas grave, si tu communiques c'est gagné.*
– ...
– *Enfin bref...*

Quand je suis triste je mange pas et je soigne mon jardin, quand ça va mieux je laisse le jardin et je mange mes légumes, je ne suis pas une femme très compliquée.

En Somalie c'est les casques bleus qui tuent les gosses, on aura tout vu !
– Les casques bleus tuent les petits garçons, et les casques roses tuent les petites filles.

Un rendez-vous,
faut pas être en retard,
c'est pas bien.
– Vaut mieux pas y
aller du tout.
– Bien sûr. C'est plus
poli.

C'est pas machin,
là ? Ah non c'est
pas lui.

Chez les
« Enfants de Dieu »
c'est enculades et
compagnie.

Après toutes ses
visites à l'étranger,
tu peux être sûr
que le pape est
bien content de se
retrouver tout
seul peinard dans
ses cabinets...

*Les riches ont des
servantes, mais nous,
les pauvres, on a les
serveuses !*

*On n'a jamais vu un
bébé croire en Dieu !*

Faut que j'aille
voir le docteur
mais j'ai peur
qu'y me dise
d'arrêter de boire
et de fumer...
remarquez...
après tout... on
peut pas être et
être été.

Le jour où y aura
plus du tout de famine,
tu verras le bordel !

Le baccalauréat
vaut plus rien, même
le certificat d'études
vaut plus !

Dans un tchador tu peux faire deux slips.

Tout ce qui intéresse pas les gens m'intéresse, comme ça ça se bouscule pas pour me piquer mes centres d'intérêt, comme on dit.

La plupart des tremblements de terre se font en ville, t'as qu'à voir les films...

Il dit à tout le monde qu'il est désespéré.
– Alors c'est que ça va.

Au festival d'Avignon t'as de tout, du bon et du moins bon, c'est le lot de la plupart des festivaux.

J'y comprends rien, à la Bourse.

Johnny, même à cinquante ans il est pas dégénéré, il est pareil, il a pas changé, c'est un rocker.

*En peinture, je n'aime que les natures mortes.
– Moi c'est en musique que je les aime.*

La géographie je l'ai pas apprise dans les livres, je l'ai apprise sur les bouteilles, exemple, la Suze ? Auvergne !

Le retour des dinosaures, avec tous les champs labourés, ça promet...

Ils ont chopé des Chinois en situation irrégulière dans un atelier de confection, ils vont les reconduire à la frontière.
– A la frontière de Chine ? Putain, ça fait loin !

Un Opéra à Lyon ? Pfu ! Et qui c'est qui ira jusqu'à Lyon pour écouter un opéra ?

Balladur, moi, je l'appelle Ballamou.
– ...
– Tu l'appelles comment, toi ?
– Mais je m'en fous !

Bonne nuit.
– Il est midi.
– De quelle heure ?

Je bois du déca sinon j'ai le cœur qui bat.
– Et en amour ?
– Déca-histoires !

L'an 2000, c'est la porte à côté.

Même si tu meurs en France t'es pas obligatoirement français, alors c'est pas pour être français si tu nais ! Non ? Non ? Non ? Non ?

Si c'était moi, le seul survivant de l'apocalypse sur toute la Terre, que je suis le seul homme vivant et qui fait beau, je me balade à poil c'est sûr.

S'il le dit c'est qu'il le fera...

Sur les vieilles photos je suis jeune et sur des jeunes photos je suis vieux.
– Ah bon ?

Un café serré, bien bien serré, un tout petit comme ça, un fond, comme en Italie, qu'est-ce qu'il est bon le café en Italie, alors ça c'est du café, listreto, listreto on dit listreto, et c'est beau en plus l'Italie, j'y suis allé c'est beau, mais ils ont la mafia, la mafia c'est la pieuvre comme on dit là-bas, elle est partout et même dans le gouvernement, encore pire qu'aux États-Unis, enfin pire je sais pas, disons pareil, mais aux États-Unis on en parle moins, y avait un feuilleton je me souviens c'était *les Incorruptibles*, mais ça passe plus, c'étaient que des histoires avec la mafia du début à l'époque, en noir et blanc, moi je me souviens, j'avais une grosse télé, je regardais ça, par contre les grosses c'est pas les meilleures, c'est simple j'avais que des pannes, si c'était pas un fil c'était un autre bidule à l'intérieur, si vous vous laissez faire le réparateur vous prend deux fois le prix de la télé, vous savez ces réparateurs qui mettent de la publicité dans les boîtes aux lettres, j'ai entendu que une vieille dame justement avait porté plainte contre un réparateur de ce genre-là, eh bien elle a gagné, la justice a fait son travail pour une fois, parce que la justice souvent on se demande comment elle fonctionne, le sang contaminé par exemple, les docteurs ont rien eu, mais si vous vous garez mal avec la voiture, c'est l'amende, remarquez des fois on en voit qui se garent, vraiment, c'est dangereux, mais ce qu'il faut dire aussi c'est qu'il n'y a pas de place, vous avez vu la rue, vous avez vu, on peut plus rouler, on manque de parkings, voilà quelque chose qui donnerait du travail aux chômeurs, faire des parkings, plutôt que de leur donner des sous à rien faire, des chômeurs non qualifiés en plus, les mieux pour le bâtiment c'est les Italiens, et quel beau pays l'Italie, et leur café, listreto, il paraît que ça énerve si on en boit trop, mais moi ça me fait rien...

Plus personne
fait des confitures
à notre époque.

*Moi je les reconnais,
les immigrés clandestins,
un coup d'œil et je les
reconnais.
– Et comment tu sais ça,
toi ?
– Je le sais, c'est tout.*

T'es riche en
ce moment ?
– Pas trop.

On compte des
milliers de
clandestins en
France, et sans
compter les
clandestines.

La droite dure est pas
assez dure.
– Elle est molle.
– Oui c'est ça, elle est
molle... j'aime bien parler
politique avec vous...
parce que des fois, on
tombe sur de ces cons.

Les immigrés
entrent sur le
territoire, d'accord,
admettons, mais
après ils ne veulent
plus sortir, et c'est
là le problème, s'ils
voulaient ressortir
ça irait, ou pas
entrer même à la
limite.

*Si tu vas à Montreux
pendant le festival de
jazz, pour être servi faut
pas être pressé, mais
non plus t'es pas obligé
d'y aller.*

Boire qu'un verre,
ça sert à rien,
tu t'abîmes la santé
pour rien.

Ah merde !
– Quoi ?
– J'ai oublié
mon enveloppe !
– Où ?
– ...
– Où ?
– ...
– ...
– !
– ...
– Et merde...
– ...
– Y faut qu'on
les refasse tous.
– ...
– Et merde...
– Écoute, te prends pas
la tête, si y faut qu'on les
refasse, on les refait et
c'est tout.
– Peut-être à l'Atlantique...
– Ou au Royal...
– Bon, on doit combien ?
Et vite ! Ça rigole plus, là !
– Au tabac rue des
Martyrs...
– Alors ça vient !
– Peut-être au Sancerre.
– Au Saint-Jean.
– Te mine pas, on la
retrouvera.
– Celui sur la petite place.
– Lequel ? Y en a deux.

Moi, je
m'appellerais
Pommier, je
me suiciderais.

Il a un faux nez en
plastique, il a été opéré,
c'est du plastique,
la cloison en tout cas
est en plastique.
– Ça sent pas trop le
plastique ?

Le soir, quand le
ciel est mauve et
que tu manges
dehors, la salade
devient mauve.
– Ah ?

Il avait le nez
pointu, avant,
mais il a pris un
coup de boule.

J'ai été neuf ans en pension, c'était dur la pension, ah oui c'était très dur, et quand j'ai mal tourné après ça m'a aidé à me remettre dans le droit chemin, quand on reçoit des coups de pied au cul ça sert toujours, on le dit pas, ça, mais ça met du plomb dans la tête, et moi, maintenant, je suis sorti de l'eau, finalement si on me demandait aujourd'hui si je veux retourner en pension, je dirais oui, même si c'est pour recevoir des coups de pied au cul, au moins en pension, je serais pas à la rue.

Il paraît que le patron du Loto aurait des ennuis.
– Du genre ?
– Du genre, je donne un milliard au gagnant mais je garde l'autre milliard pour moi.
– Eh ben putain... si même là on peut plus avoir confiance.

Elle est sourde ?
– Oui.
– Et elle entend ?
– Oui.
– Ah bon.

C'est une mystérieuse femme qui vient ici de temps en temps et qui ne dit rien.
– La sourde ?
– Non, celle-là elle est muette.

Avoir un chêne devant sa maison, c'est comme avoir un lion, par rapport au tilleul.

Je parle, je parle, je parle la nuit, le jour, j'ai pas de bouche.
– ...
– C'est pas une langue, que j'ai, c'est une chauve-souris.

L'idéal pour l'été,
c'est encore le coton.

Tu connais pas
les Envahisseurs ?
Putain mais tu
viens d'où, toi ?!

*A quoi ça sert,
de lire le journal, si
c'est que pour avoir
les nouvelles ?*

*Quand ça pleut
beaucoup, les combattants
se mettent à l'abri, ça fait
des trêves, comment dire,
naturelles.*

J'aurais aimé être
un marin, c'est les
seuls qui flottent
dans leur travail.

Toute ma vie
est une succession
de...? ... jours.

Mais comment
ça se fait ?
– Ça, faut lui
demander.
– Et sa femme elle
dit quoi ?
– Elle dit « j'en ai
assez, t'as encore
fait pipi au lit ! »
– C'est quoi ?
– La bière.

*Quand tu vois la pêche
que Johnny Hallyday il a,
tu te dis que avoir
cinquante ans, c'est un
miracle de la nature !*

Avec l'ordinateur,
tu peux tout faire.

Avant on donnait les épluchures au cochon, mais maintenant, les épluchures, on les jette.
– C'est autant de gâché, mais on peut quand même pas avoir des cochons chaque fois qu'on fait des épluchures.
– On a bien des éboueurs, on pourrait se payer des cochons !

Le citron est un agrume, et quand tu bois un jus de citron, en fait c'est un jus d'agrume, on dit citron pour un problème commercial, pour amener les femmes et les enfants à la dégustation, agrume, c'est déjà presque une boisson d'homme...

On est tous des mammifères.
– Non, pas moi, j'ai pas d'enfants.
– T'as pas d'enfants ?
– Non, alors excuse, je suis pas un mammifère.

Non non non, moi j'aime pas dire ce que je pense, parce que, imagine que c'est une connerie, imagine...

Quand on est couche-tard, on n'est pas mammifère.

Il ne réfléchit pas, il ne fait que des prout d'idées.

A boire !
– Encore ?
– J'ai bouffé
du sel avec
les fèves.

L'emprunt Balladur, y
nous en prend des sous
ou on lui en donne ?
– Ça change quoi ?

Quand il épluche, il
me fait des épluchures
grosses comme ça, on
dirait de l'art nègre.

*Je suis allé gare de
Lyon, eh ben je vais te
dire, des fois y a de
quoi piquer une crise.*

*Avant de parler de
ce que tu connais
pas, parle déjà de
ce que tu connais !
– Justement, les
avions, je connais.
– Et t'en as déjà
piloté ?
– Oui, à côté du
chauffeur, si t'es
sympa il te laisse
conduire.
– D'abord, on dit
pas conduire.*

Travaille déjà
un peu, toi,
avant de parler
du chômage.

Je pourrais avoir
mon kir dans une
flûte ?
– Ah ah ! Madame
est heureuse...

C'est un mec fou, tu le verrais, y parle aux voitures garées !
— Pour déconner ?
— Bien sûr, pour déconner.

La poire c'est bon, c'est comme de la prune avec un goût de poire.

Le premier jour de la vie ressemble pas du tout au dernier jour de la vie.
— *Ça, c'est les gens qui le disent.*

Du bon gruyère, du bon je parle, fait des fils résistants que tu peux pêcher avec, du bon, du très bon, sinon sur un gardon comme ça tu casses ton gruyère et adieu la poissequaille.

Plus le timbre-poste sera cher et moins on osera écrire des bêtises.
— *Non, mais tout de même, ça les regarde pas, ce qu'on écrit !*
— *Des fois, on est en vacances et on écrit « il fait beau ».*
— *Et alors ? S'il fait beau !*
— *Des fois il fait que moyen beau.*
— *Ça, de toute façon, on ne devrait pas le payer du tout ! Faire payer quand on dit qu'il fait beau, c'est culotté !*
— *Des fois ça pleut, malheureusement...*
— *Vous vous rendez compte, on nous fait payer des timbres quand on parle du temps ! Ça donne pas envie de parler de choses sérieuses !*
— *On pourrait pas les payer.*

C'est un vin que j'aime bien parce qu'il fait des bons renvois.

Celui-là, vraiment, bon débarras…

Quand on paye un timbre pour écrire, c'est quasiment de l'édition à compte d'auteur.

C'est comme ça que je reconnais les étrangers, ils mettent trop d'eau dans le Ricard.

C'est fini, la fourrure, c'est plus à la mode, maintenant ce qui est à la mode c'est tout ce qui ne concerne pas l'animal, genre nylon-plastique et tout le toutime, disons tout ce qu'on trouve pas dans la nature sur le dos de la bête, mais dans l'usine sur le dos des ouvriers.

Il est bien mais faut pas qu'il boive.

*Des plantes géantes partout, personne peut s'asseoir.
– De toute façon, avec les araignées…
– C'est des peuplades qui sont tout le temps debout.
– Même d'ailleurs si on leur introduit la chaise dans la civilisation, y a pas de place dans la forêt.
– Le jour où vous verrez un Pygmée assis, vous me téléphonez.*

Quand tu portes une casquette, c'est un peu comme si tu portes la fourrure d'un ouvrier.

J'ai été trahi par l'haleine, sinon ça allait.

Quand on était gosse on disait « c'est celui qui dit qui y est » et souvent c'est vrai encore maintenant.

Réincarné en animal ?
– Bien sûr, c'est très courant à notre époque.

Le ciel ne s'arrête jamais, on s'en rend bien compte quand on prend l'avion.

Vous avez vu ce qu'ils ont mis, sur la porte du garage ?
– On voit que ça !
– « Tout le quartier sait que t'es une grosse pute. »
– Et ça ne s'en va pas, ces peintures-là.

Les rivières débordent souvent mais la mer quasiment jamais...

Les montagnes sont creuses, parce que sinon vous imaginez la masse de terre que ça représente ?

Elle dit que son fils travaille au *Figaro* alors qu'on sait bien qu'il ne sait même pas écrire...

C'étaient les Noirs qui ramassaient le coton, ça faisait des boules blanches dans leurs mains noires, et par contre le charbon ce sont exclusivement des Blancs, ça fait des boules noires dans leurs mains blanches, comme quoi finalement tout ce qui sort de terre est pas foncièrement raciste... et sinon, vous, ça va ?

Tout est pourri, même le sport ! Les mecs sont payés pour perdre les matchs, maintenant ! Ça finira comme au Tac-O-Tac, tu payes les joueurs et tu te grattes.
– Ils leur mettent des bactéries dans la cantine pour les fatiguer.
– Oui, en plus y bouffent mal.

Dans Paris, si personne était garé, on pourrait se garer, mais ce qui empêche de se garer, c'est toutes ces voitures garées, si personne se garait, on pourrait se garer n'importe où... tiens, là-devant si on voulait, hormis que c'est un bateau.

Y a aucun animal qui en dégénère un autre, y a que l'homme, y touche une fourmi, le lendemain la fourmi elle porte une casquette et elle mange du chewing-gum.

Bachelard, c'était un philosophe simple comme vous et moi.
– Remarquez, des fois, moi je vous trouve compliqué.

Les Américains aiment pas le fromage, et alors, nous on aime pas les Américains, et puis c'est tout !

Le vertige commence au-dessus de la chaussette.

Ils vendent des oiseaux en plastique qui chantent.
– Ah bon ?
– On le touche et y chante.
– Ah bon ?
– Le chant est très bien imité.
– Ah bon ?
– C'est comme un vrai oiseau, mais en objet.
– Tiens donc...
– Vous n'avez jamais vu ça ?
– Jamais.
– Il faudra que je vous en montre un, si j'ai l'occasion.
– Avec plaisir.
– Une mésange bleue.
– Ah volontiers !
– Vous me le rappellerez le cas échéant.
– Oui une mésange bleue en plastique, je m'en souviendrai.

Ils sont perdus dans le cosmos.
– Pas vu.
– Mais si, c'est un feuilleton que tout le monde a vu !
– Perdus dans le cosmos, tu dis ?
– Oui.
– Ils sont habillés en survêtements ?
– C'est ça !
– Ah d'accord, je connais, Star Sec.

Toute la journée j'entends la porte de l'ascenseur qui claque, comme maintenant je reste chez moi...
– C'est la musique du chômage.

Même si la Sécu rembourse plus les médicaments, ça m'empêchera pas d'être malade, j'ai des microbes qui lisent pas le journal.

A devenir célèbre tout ce que tu gagnes c'est que t'es connu, et si t'es connu tout le monde te connaît, et si tout le monde te connaît tout le monde dit que t'es con, t'es bien avancé...

C'est humain d'éteindre les lumières en sortant.

Dans les fouilles archéologiques, des fois, tu trouves de ces merdes complètement rouillées, même neuves ça valait rien... on trouve des trucs romains que les Romains de l'époque se seraient pas baissés, et d'ailleurs c'est pour ça qu'on les trouve... le Romain l'a laissé par terre et c'est un mec de maintenant qui le trouve, moi des fois je vois un truc par terre et je me baisse pas, je laisse ça pour ceux qui se baisseront dans le futur... chacun se baisse à l'époque qu'il veut... c'est ça l'archéologie, finalement, faut attendre pour se baisser...

Ils ont pris la foudre
dans le champ.
– Je l'avais dit, qu'avec
tout cet engrais le maïs
est trop haut.

J'aime bien
Pinocchio, c'est
un gosse en bois,
et pourtant j'aime
pas les gosses et
je vais jamais
dans les bois,
comment
t'expliques ça ?

*A l'endroit de la tour
Eiffel, il y avait une
grande basilique qu'ils
ont détruite.
– Juste là ?
– Juste là.
– Ils auraient pu la faire
cent mètres plus loin,
tout de même, leur tour.*

Des fois, plutôt
que de louer, tu
ferais mieux
d'acheter, des
fois...

Si tu connais dix mille
histoires drôles, tu fais un
livre avec, c'est pas plus
compliqué que ça.
– C'est le titre qui est dur.

C'est un ordinateur ultra-perfectionné,
réglé comme du papier à musique,
solide comme une planche en bois, et
léger comme un napperon, et moderne
comme... les nouveaux marteaux, là,
avec le manche plastique... du coup,
on le sent tout près, l'an 2000, comme
si c'était l'œuf de là-bas... toute cette
modernité même, ça fait peur comme
la grêle...

Les bicyclettes, finalement, c'est que des vélos.

Je m'en fous de devenir aveugle, j'ai assez vu.

L'écrivain, tu le mets sur un chantier, tu crois qu'il va prendre une pelle ? Mon cul ! Il sort un carnet et un stylo pour noter des choses ! Quoi comme choses ? Pas la taille du trou en tous les cas ! Des choses sur la couleur des camions, éventuellement, si les camions sont là, sinon il écrira qu'on a marché sur une fleur, le pauvre con, comment tu veux construire l'immeuble autour de la fleur ? Le pauvre con ! D'ailleurs, je lis plus ! Et même pour être honnête j'ai jamais lu ! Si le mec prend la pelle, peut-être je prends son livre, sinon chacun chez soi ! C'est comme si je vais creuser chez lui et pis je pose des tuyaux sur son bureau où il écrit ! Enfin bref, on n'est pas des animaux à regarder, on est des hommes qui bossent…

Il a glissé sur une feuille.

Y a plus de place sur Terre, alors que veux-tu…
– Oui, mais construire sur l'eau, c'est pas correct, et c'est pas le pêcheur qui te parle, c'est l'homme.

Il boit une gorgée de pastis, il rajoute de l'eau, il boit une gorgée, il rajoute de l'eau, il boit une gorgée il rajoute de l'eau, à la fin le pastis est tellement clair qu'on pourrait le faire boire à un bébé.

Des fois ça sent bon
mais c'est pas bon.
– L'odeur ment.
– Hein ?
– Oui, l'odeur ment,
c'est ce que ma
grand-mère elle disait
quand mon grand-
père se parfumait
pour faire croire qu'il
était de la ville.

Tapie ? Même
ses gosses il
les paierait !

Les guerres, je les
confonds moins à la
télé que dans le
journal.
– Moi, télé-journal,
je confonds tout.

*Tout ce que je dis tout
le temps, ça intéresse
personne.
– Mais non, faut pas
dire ça !
– Si !
– Moi ça m'intéresse.
– Oui, mais vous, y vous
en faut pas beaucoup.*

Les chanteurs
adorent mettre
des costumes,
pour un clip tu
les déguises, y
sont contents.

T'as deux régimes,
l'amincissant et
l'amaigrisseur, selon
si t'es pas mince ou si
t'es gros, faut pas se
tromper, un pas mince
qui fait l'amaigrisseur
peut mourir dans la
nuit, et le gros qui fait
l'amincisseur, c'est une
bouse de vache dans
un jus de citron.

J'aurai quarante ans
en l'an 2000.
– Ça fait vingt ans
en l'an 1000.
– Combien ?

C'était calme, ce dimanche, mais calme, même les miettes ne tombaient pas…

Moi *Bambi* faut pas que j'y aille, je vais pleurer…

Un fou qui brûle fait des flammes vertes.

J'ai vu des végétariens qui se rongeaient les ongles et qui se mangeaient les petites peaux… alors ?

Mais non c'est pas possible, au lac d'Annecy, les requins c'est dans l'eau salée.

C'est des inondations qui nous sont envoyées par le ciel.
– Mais non, faut pas dire ça.

Les Japonais du Sumo, les gros, quand ils sont vieux, on les vide et on fait habiter des poules dedans.
– Y sont cons, ces Japonais…

Même le végétarien le plus sérieux pourra pas empêcher les petits vers dans les pommes, c'est, comment dire, une limite à l'action de la théorie…

Le plus beau char fleuri que j'aie jamais vu c'est la panthère rose sur un vélo.

Des bagnoles, des bagnoles, des bagnoles,

Avant c'étaient les étrangers qui prenaient notre travail, maintenant c'est carrément les pays étrangers !
– Finalement plus on aurait d'étrangers chez nous et moins les pays étrangers prendraient notre travail.
– C'est compliqué.
– Très compliqué.
– L'étranger, sans étrangers, qu'est-ce qu'il devient, économiquement ? Moins que rien !
– C'est compliqué.
– Oui, très.
– Et d'un autre côté, on ne peut pas accueillir tous les étrangers du monde.
– Pas la place.
– Non, pas la place.
– La France est un petit pays.
– A quoi ça tient...
– A la place...
– C'est idiot.

L'avion il a pas le droit d'atterrir où ce qu'il veut, faut la piste sinon tu vas voir...

Mais qu'est-ce qu'ils font pendant l'été, les gens de la télévision, qu'on ne les voie jamais dans les rues ?

A la télé on n'entend que des morts !
– Ah non ! Et les jeux alors ? « Questions pour un champion », par exemple...
– Oui, mais à part « Questions pour un champion », que des morts.
– Faudrait pas qu'elle s'arrête, cette émission.
– Ah non ! Même si c'est bête, y a pas de morts.

100

des bagnoles, des bagnoles...
– Nous on est partis le 2.

S.A. Scapin productions recrute 1 chef électricien mi-temps et 1 employé de bureau conn-...
– ... conn, je sais pas ce que ça veut dire.
– Connaissant...
connaissant info-PC TTX Works et Word 5 tableur...
– Oui, bon... et à la télé y a quoi ?

On a 20 000 enseignants en France, et je suis sûr que tu sais même pas dans quel département c'est, Valence !
– ?
– Un enseignant même que ça serait de trop...

Avec la démence progressive, ce qu'il y a de bien, c'est que c'est progressif justement, et les gens ont le temps de s'écarter.
– Encore faut-il qu'on regarde dans la direction du fou progressif.
– Ah bien sûr, celui qui regarde de l'autre côté est bon pour un poing sur la gueule.

T'as pas de bon théâtre sans bon menuisier, à cause des planches, là où les acteurs marchent, c'est la terre de la comédie, et comme c'est de la terre en bois, c'est à nous que revient la responsabilité que la terre ne grince pas, surtout la neuve, quand l'acteur traverse en pleurant.

J'y suis allé une fois...
– ...
– ... en Orient...
– ...
– J'ai bien aimé...
– ...
– Vous connaissez l'Orient ?
– Très peu... j'ai vu des cartes postales...
– ...
– ...
– ...
– ...
– Et Sylvie, ses dents ?

*J*e vais profiter de cet été pour essayer de maigrir, s'il ne pleut pas.

*L*a Grèce c'est bien, mais les Grecs, c'est en trop.

*A*près plusieurs années sans boire un alcool, c'est comme si tu renais, t'es déjà vieux et avec des habits mais tu renais, et du coup tu remets ça.

*E*n Afrique la grêle fond, après la goutte s'évapore, résultat il ne pleut jamais.

L'Orient n'a plus de mystères, on le traverse en car.

Je veux pas savoir qui a tort qui a raison, moi l'OM et Valenciennes, je leur confisque les ballons !
– Alors si tu fais ça, faut les confisquer à tout le monde, les ballons, parce que tout le monde touche !
– Eh ben je les confisquerais à tout le monde !
– ...
– ...
– Ça va en faire, des ballons...

L'eau rentre partout, même dans le trou du cul, alors pour elle, inonder une cuisine c'est rien.

Tu verrais les campings ! On dirait des fourmilières de toile.

Leur système « Socrate », même Platon saurait pas s'en servir.

J'ai toujours une capote sur moi... pas deux, faut pas exagérer...

*Moi je suis Bélier.
– Pour les Béliers, ça va.
– Et vous ?
– Moi je suis Capricorne.
– Alors ?
– Pour les Capricornes, ça va.
– Et pour le Sagittaire ? Ma fille est Sagittaire.
– Pour le Sagittaire... attendez voir... ça va.
– Et les Poissons, c'est mon mari qui est Poisson.
– Poissons... les Poissons ça va.
– Et le Taureau ?
– Vous connaissez un Taureau ?
– Non.
– Tant mieux, parce que le Taureau ça va moyen.*

J'aime bien les gens de mon âge.

Tu ne peux pas te suicider si t'as un chat, tu n'es plus libre de le faire, t'as pas le droit.

Moi, toutes ces histoires d'empoisonnement, ça me met les nerfs à fleur de robe.

Géronimo, ça veut pas dire du tout « le fils des loups », ça veut dire « celui qui aime les géraniums »...

Au bout de deux ans j'ai été récompensée, parce que quand même le canari est un animal magnifique, il n'a plus perdu ses plumes grâce au traitement et au soleil sur le bord de fenêtre... si maintenant il me pondait un œuf, je serais bien récompensée...

On était huit enfants, avec les parents ça faisait dix, les sous on les comptait, et le soir fallait ranger la cour et tout et tout et tout, vraiment fallait voir toutes ces bouches à nourrir, quand on mangeait comme ça le soir, toutes les bouches ouvertes en même temps, ah fallait voir, on aurait dit les trous d'oiseaux dans la falaise...

Il aime la viande, alors il se bat tout le temps.

J'aime bien les promenades instructives au bord de l'eau.

Si y a pas de boulot y a pas de boulot qu'est-ce que tu veux que je te dise, le boulot ça s'invente pas, y en a y en a, y en a pas y en a pas, on sort pas de là, par exemple la fabrication des voitures c'est un boulot qui s'invente pas, quoique remarque, si, lui s'invente comme boulot mais bon, par exemple la construction, c'est un boulot qui existe, c'est naturel comme boulot, tu ne peux pas en inventer puisque ça concerne les logements, ça ne s'invente pas quoique remarque certains bâtiments qu'on voit en banlieue avec des balcons de toutes les couleurs et des jeux qui tournent pour les gosses, ceux-là ce sont des boulots inventés par l'homme à cause de toutes les couleurs et de l'électricité dedans, mais bon, si tu prends le manger, la bouffe si tu préfères, le pain c'est un travail qui existe, tu vas pas fabriquer du travail dans la boulange artificiellement, c'est pas la peine de faire plein de pain qui va rester là et qui va durcir, tu ne peux pas inventer du travail dans ce secteur, c'est du ratage assuré sûr, mais si tu prends la construction des ponts, non, pas les ponts, les routes, non, pas les routes, travailler dans les bois pour enlever les branches qui gênent, là, tu peux créer plein d'emplois, des branches qui gênent, je sais pas si t'es déjà allé dans les bois mais dans les bois tout le monde y va, t'en as plein des branches qui gênent et l'avantage des branches qui gênent c'est qu'elles repoussent, tu les coupes, elles repoussent, tu les recoupes elles recommencent à pousser, c'est du travail qui pousse après que tu as fini le boulot, c'est d'ailleurs le seul boulot qui sera toujours là, le travail qui pousse, et si ça pousse pas assez vite tu peux toujours arroser pour faire pousser, c'est l'avantage de ce genre de travail, le chômage, si t'arroses bien les arbres, y disparaît dans les branches basses, c'est ce que j'appelle, moi, la réduction du chômage, mais on peut appeler ça comme on veut...

Si Tapie devient maire de Marseille, alors là ça va y aller, la mafia !
Tu penses bien...
– *Y se fera abattre avant.*
– *Ça, c'est bien possible.*

Quand je vois passer les coureurs, j'ai envie de partir avec eux, mais j'ai pas de vélo.

C'est tellement bien, ce livre, ça se lit les yeux fermés.

La roue arrière arrivera toujours seconde par rapport à la roue avant qui arrive toujours première, eh bien des vélos, la vie en est pleine, monsieur...

En truquant les matchs de foot, ça nous fout en l'air notre Loto sportif, et ça... ça... c'est de l'irrespect pour nous qu'on rêve de partir vivre ailleurs si on gagne...

J'aime la France pendant le tour de France, l'Italie pendant le tour d'Italie, on ferait le tour de l'Irak que j'aimerais l'Irak tellement j'aime le vélo.

C'est les hommes qui rendent la justice ; du coup, des fois, les robes noires des magistrats sentent la frite.

Dans le foot, tout est de la magouille, y a trop d'argent en jeu, trop d'argent...
– Faudrait que personne soit payé.
– Tu parles ! Y se démerderont toujours pour s'offrir des trucs et des casquettes !

Le blues a été inventé dans les champs de coton, c'est une musique que tu entends en mettant ton oreille sur ta chaussette.

Entre ici et là-bas, un franc de différence sur le kir.
– C'est la guerre des prix.
– Oui, mais tout de même !
– C'est la guerre des prix.
– Et les morts, c'est nous ?

L'Atlantide, on cherche au fond de la mer alors que si ça se trouve c'est à la montagne...

Je l'ai vu à Monéteau.
– Et qu'est-ce qu'y faisait à Monéteau ?
– Sais pas...

Pour un été pourri, c'est un été pourri... enfin bref... ce mauvais temps, ça fait au moins des heureux dans les hôpitaux, les malades qui sont couchés voient pas les rayons de soleil entrer dans la chambre, avec tous les microbes qui volent dedans comme du plancton pas bien honnête...

Quand tu vois comment les Japonais font les bouquets, tu peux dire que les nôtres c'est des poignées de bites.

Encore enceinte ?! Elle a toujours un enfant sur le feu, celle-là.

J'adore écrire des cartes postales, rien que de savoir que je pars à la mer ça me met l'encre à la plume.

Moi je sais jamais quoi dire.
– Tu l'envoies avec rien, du moment que l'image est belle.

Y aura jamais la paix, en Bosnie, c'est pas possible, c'est trop l'imbroglio.
– Tu sais, des imbroglios, on en a vu d'autres, au Tchad par exemple, faut le voir l'imbroglio.
– Au Tchad non, c'est pas le même imbroglio.
– Tu sais, un imbroglio, c'est un imbroglio.
– Pas du tout ! Tu peux pas comparer l'imbroglio bosniaque et l'imbroglio tchadien.
– Ah bon, et pourquoi ça ?
– ...
– ...
– En Bosnie ça pleut, et ça...

Les Croates c'est qui, et les Serbes c'est qui ?

L'objet n'a pas de volonté, sinon quand tu pousses la chaise elle ne tombe pas, elle reste sur ses pieds et elle te regarde comme ta fille quand t'as picolé.

Un ministre du Travail ! Comme si le travail avait besoin d'un ministre ! Le travail se débrouille tout seul ! A moins que le ministre y veuille venir au garage, mais ça ça m'étonnerait pas mal ! Là y en a, du travail, pour un ministre !

A trois mètres du bord t'as plus pied, c'est une mer qui a tout de suite de l'eau.

Qui ?
– Max.
– Où ?
– Au Caire.
– Eh ben putain, lui qui aime pas le sable, y va être servi !

A Orly je me suis fait cirer les godasses dans un truc automatique, dix francs et elles sont toujours aussi sales, dis donc !
– T'aurais mieux fait d'attendre d'arriver dans ton pays de cireurs.

La lionne a toujours les ongles propres.

Sans les armes, on se taperait dessus avec les outils.
– Ça tuerait moins de gens !
– Oui... enfin de toute façon la question se pose pas, les armes ça existe.
– Et les outils restent sur l'établi.

Ce qui est salaud, avec l'intoxication alimentaire, c'est qu'en plus t'étais content de manger des moules.

On a regardé *Piège pour un espion*.
– Pas nous, nous on a regardé *Taggart*.
– C'est à ça que ça sert, plusieurs chaînes.
– Sinon c'est le nivellement par le feuilleton.
– Comme en Russie.
– Ça existe plus, la Russie.
– Comme dans les pays de l'Est, pour être plus juste.
– Et encore, l'Est c'est plutôt ici, maintenant, quand on voit le temps qu'il fait.
– ...
– ...
– Et après *Piège pour un espion*, au lit.

Le chat persan est plus un chat d'appartement que d'extérieur, il ne bouge pas, on dirait qu'il est mort même des fois tellement il est sage, voyez...

Elle a reçu une carte postale du Gabon, elle ne l'a pas lue !
– C'est son fils qui est là-bas.
– Oui eh bien vous m'excuserez, mais une carte postale du Gabon on la lit, même si on est fâchée avec son fils !

Quand je regarde une vieille émission à la télé, j'ai l'impression que tous mes meubles y vieillissent, et toute ma maison...
– Oh vous savez, j'habite déjà un vieil appartement, et la télé de toute façon c'est pas fait pour rajeunir les choses, suffit de repasser les émissions du jour le lendemain...
– On finira qu'on la regardera plus sous peine de vieillissement accéléré.
– Ça commence.

Avec cette sécheresse, y a des régions où on peut même plus pleurer !

Au Japon quand t'es vieux, on te met à mourir dans la montagne, comme les éléphants.
– Des éléphants dans la montagne ?! Où tu vas, toi ?

La Terre se réchauffe.
– Ah non, moi j'ai entendu dire qu'elle se refroidit.
– Ça dépend d'où vous habitez, aussi...

Si un jour tu dois signer un contrat avec les Japonais, refuse de boire, ils sont très forts à ce petit jeu-là.
– ...
– Tu boiras pas si tu signes ?
– ...
– Tu boiras pas avec les Japonais ?
– ...
– Dis-le-moi.
– Je boirai pas avec les Japonais.
– T'as raison...
– ...
– Tu vas signer avec des Japonais ?
– Moi ? Et pourquoi je signerais avec des Japonais ? Elle est pas à moi, la poste !
– Ah bon...
– ...
– Alors pourquoi tu me laisses parler de ça ?
– ...
– Toi si tu veux, tu peux boire avec des Japonais.
– ...
– Et même...
– Bon, salut.
– ... fuuuu...
– On peut pas mettre des moteurs partout, y en a pas dans le manche de la fourchette par exemple.
– Oui, c'est vrai, mais y a que là que y en a pas.
– Et la cuillère !
– La cuillère on s'en fout, on parle pas de ça.
– ...
– ...
– T'as une tête de soixante-huitard, on te l'a jamais dit ?

Dans chaque oiseau, t'as un petit con qui sommeille.

Les abeilles ne sortent pas le matin, y a toujours quelque chose à ranger dans une ruche.

C'est la machine qui travaille à la place de l'homme, l'homme fait rien, si on fait pas attention c'est la machine qui dormira à la place de l'homme, et l'homme dormira plus.

Quand le soleil va s'éteindre, ça fera chier le jour mais la nuit ça fera pareil, d'ailleurs pour ceux qui bossent la nuit et qui dorment le jour, le soleil est déjà éteint.

*Il faut mettre son mouchoir en boule sur son nez pour ne pas avaler la poussière du désert.
– Et c'est beau ?
– Ah oui, c'est beau, mais il y en a qui ne voyaient que leur mouchoir...*

Des champs d'artichauts grands comme la place.
– Et ça pousse haut ?
– Ah... ça on ne sait pas, on n'a pas demandé.

C'est un musicien qui a fait une fugue, et on l'a jamais revu.

*Techniquement c'est possible, la voiture conduit toute seule pendant que le conducteur regarde le paysage.
– Oui, alors dans ce cas je laisse la voiture partir toute seule avec les valises, et moi je prends le train.*

Tout l'atoll est fissuré à cause des essais atomiques, d'ailleurs on se demande comment les gens vont aux commissions...

Tous ceux qui ont visité Venise te le diront : c'est plein d'eau.

Une maison c'est rien qu'un nid, alors faire payer ça des millions, c'est prendre les oiseaux pour des cons !

C'est une île jolie, jolie, colorée, c'est bien simple, on dirait un pot de fleurs sur la mer.

Les paysans mettent mille fois trop d'engrais, bientôt, vous verrez, les cailloux dans les champs feront des branches...

Tout le monde fait pipi dans l'eau, résultat on n'a pas le droit de ramasser les berniques.

Le cinéma français, pour le sortir de France, faut le cacher dans ses pneus...

Qu'est-ce que t'as, à défendre Flaubert à cette heure-là ?!

Chez Gallimard, ils rajoutent de la colle sous les virgules pour que les virgules ne se détachent pas.
– Ah oui, ils ont des livres très très bien faits, ah oui !

Tu sais combien, la crêpe au sucre ?! Vingt francs ! A ce prix-là, j'arrête la tôlerie et je fais crêpe au sucre !

Le Mexique c'est laid, c'est sale, la bouffe est pas bonne, t'as pas de routes, ça pue et en plus les gens sont racistes.

Les panneaux ont au moins dix formes différentes, comment tu veux conduire avec ça ?

Retourner toujours au même endroit c'est encore la façon la plus sûre de voyager dans ce qu'on connaît.
– Nous on fait pareil.

Des verres de vin grands comme ça ! Mais au Canada, tout est disproportionné.

La moitié des étoiles ont disparu.
– A cause de la pollution ?
– On sait pas.

T'as une odeur
par pays, si t'aimes
pas l'odeur, tu peux
pas aimer le pays.

Aujourd'hui,
avec l'avion,
on peut aller
n'importe où en
dix minutes.

*Ah la la, pas moyen
de les faire venir à
table, pour manger !
– Les enfants, quand
ça se met à jouer...
– On va tout de même
pas leur amener la
salade dans l'eau,
comme aux poissons !*

Pendant tout le
trajet en car on a
dormi et on s'est
réveillés à
Lourdes, vraiment
c'est bien, ces
voyages en car.

Dans Zola, tu peux
virer la moitié.

La Terre est ronde,
mais pas partout...

Il est aveugle
depuis trois ans
maintenant, mais
pour son moral il
continue à allumer
les lumières.
– C'est bien, mais
au fond, ça coûte
de l'électricité
pour rien.
– Pensez pas ça,
sa belle-fille lui a
retiré les
ampoules.

*T'as vu ça, le film
sur les dinosaures,
combien ça rapporte
aux Américains ? Des
milliards de dollars !
Alors que nous les
pauvres petits cons du
cinéma français, même
si on en avait eu des
dinosaures à l'époque,
on n'aurait pas été
foutus de faire un film...*

La Yougoslavie, c'est encore râpé pour ces vacances.

La grande bibliothèque ? Tout en verre ? Combien d'étages ? Où ? Combien de millions de livres ? Combien de visiteurs par jour ? Combien de bâtiments ? Quel prix ? Quel métro ? Putain j'irai pas.

Les mouches vont toujours boire au coin des yeux des vaches.
– ...
– ...
– Faudra qu'on aille y boire, un jour.

Quand on était petits, on mettait une boîte de camembert sur la tête et on disait qu'on était des rois, la Normandie a jamais eu autant de rois que quand on était petits.

Le vétérinaire lui met un doigt dans le cul et tu sais ce qu'il me dit ?
– Non.
– Votre chienne, elle a rien !
– Eh ben ?
– Pourquoi il lui met un doigt dans le cul, si elle a rien ?
– Pour voir.
– Ah parce que y a pas d'autre moyen pour voir si elle a rien ?
– Ah... ça... c'est leurs histoires à eux...
– Et j'ai payé en plus ! Con que je suis !
- Cher ?
– Y se tape ma chienne et c'est moi qui paye... bien sûr que c'est cher !

Y en a, de la main-d'œuvre, mais y a pas de boulot !
– Y a des mains mais y a pas d'œuvre.
– C'est ça.
– On est des hors-d'œuvre.
– Qu'il est con !

Si tu veux pulvériser le record du cent mètres, t'enfermes le coureur dans le tuyau d'arrosage et tu mets l'eau.

C'est bien simple, avant c'étaient les Blancs qui tuaient les Noirs et maintenant c'est les Noirs qui s'entre-tuent entre eux tout seuls.
– ...
– Si encore ça suffisait que les Blancs retuent les Noirs pour que les Noirs arrêtent de s'entre-tuer entre eux, ça irait, mais c'est plus difficile que ça.
– Moi, l'Afrique du Sud, j'y comprends rien.

Si c'était que moi, les peintures je les mettrais dehors sur des bancs et les sans-domicile je les ferais entrer dans les musées.
– Une fois par semaine, faudra embarquer la Joconde pour lui faire prendre la douche !
– Mais je suis sérieux !
– Moi aussi.

Le jour où l'ordinateur tiendra dans la poche du pantalon, on l'oubliera dedans et on le passera à la machine à laver...

... Une pierre précieuse ou une olive, sur la photo ça fait pareil.

Le flageolet c'est
un pingouin, alors
que le haricot c'est
un ours blanc, tu
piges ?
– Pas trop.
– Et tu dis que t'es
de Castelnaudary ?
Ben putain !

Contrairement à
ce qu'on dit, le feu
ça fait du bien à la
forêt, ça cuit les
animaux malades.

*Faut pas être trop heureux, ça finit par
attirer les emmerdements, c'est les guêpes qui
vont sur ta confiture.
– Le lendemain que j'ai touché le tiercé, je
suis tombé dans l'escalier du boulot...
– Moi, plus je suis heureux, plus je fais la
gueule.
– ... quinze jours avec le genou dans le plâtre.
– Quand on gagne au tiercé, faut pas le
hurler dans les escaliers.
– J'étais bourré.
– C'est pas une raison pour être content.
– C'est des marches en fer, j'arrivais de
dehors, il avait plu.
– Et patatras !
– Oui, patatras.
– Eh ben la prochaine fois tu feras comme
moi, tu tireras la gueule quand il pleut
dehors et que t'arrives sur des escaliers en fer.
– J'étais bourré.
– Tu l'as déjà dit.
– On avait picolé.
– Ça se dit pas.
– Tu bois quoi ?
– Comme toi.*

Elle chantait du
Balavoine en
triant les girolles.
– Tu vois qu'il est
pas mort.

Pour une biscotte beurrée
il en casse dix, tu verrais,
on dirait Hitler.

Tu sais ce qu'il fait,
avec son baladeur ?
– ?
– Il reste assis.

Les nazis, ça se
plaint tout le temps.

*Souvent, le foot
pourri donne des
plus jolis matchs
que le foot
honnête.*

Quand on est pressé,
on va pas au bistrot !

Tapie ?! C'est
la poubelle qui
cache la
décharge, c'est
tout...

*Qui c'est qui
lui a rayé sa
bagnole ?
– Moins tu en
sauras, mieux
ça vaudra.*

Si on n'est pas
ridé quand on
est vieux,
quand est-ce
qu'on le sera ?

Ils ont acheté
un éléphant, à
côté ?
– C'est une
perceuse.

Pour soutenir les
Croates, y'a même
pas un pin's...

Un petit galopin par-dessus ?

Balladur-Mitterrand, faut s'en méfier de ces deux vieux-là, c'est des malins, ils étaient où, le week-end dernier ? Personne sait ! Si je pouvais, je les empêcherais de se voir !

Vous avez des projets ?
– On va faire des cornichons dans la semaine.

Une piqûre de frelon, ça tue un avion !

Je suis pas un être humain, je suis une bête sauvage, je mange du pourri ou des vieux cornichons !

J'avais des fourmis volantes plein la soupe, on aurait dit un ciel d'été.

Et encore merci pour la cuisse de pintade.
– Nous on part tout à l'heure, alors cette cuisse, plutôt qu'elle passe le mois dans le frigo, on s'est dit autant la donner.
– Je vais la faire réchauffer avec des nouilles... s'il m'en reste...
– ...
– Il ne vous resterait pas des nouilles ?
– Ah non, madame Perchu, les nouilles, ça se garde.

Y a que les Belges pour avoir encore un roi !
– Et les Anglais.
– Ah oui, et les Anglais.
– Et les Chinois.
– Les Chinois c'est pas un roi, c'est une reine.
– En Angleterre aussi, c'est une reine.
– Oui mais y a un roi aussi, c'est des couples.
– Pas en Belgique ?
– Si bien sûr, en Belgique ça va par couple aussi.
– Et en Chine aussi.
– T'es sûr que c'est un roi, en Chine ?
– Une reine.
– T'es sûr que c'est une reine ?
– J'ai dit en Chine ? Non, non, c'est au Japon !
– C'est pas une reine, au Japon !
– C'est un président ?
– Non, c'est un roi, le roi du Japon.
– Et pas de reine ?
– Je crois pas.
– Ça va pas par couple ?
– Si, y a pas de raison, mais au Japon c'est des mœurs orientaux, la femme reste au harem.
– En Angleterre c'est surtout la reine qui sort.
– Oui, c'est sûr, mais en Belgique c'était le roi, c'est plus oriental en Belgique qu'en Angleterre.
– Entre les deux t'as combien ?
– Je sais pas... mille bornes.
– ...
– ...
– Parler des rois, c'est quand même mieux que de parler des présidents.

Perdre Baudouin, ça fait comme perdre un gâteau.

C'est la différence avec les rois, nous, Bérégovoy on l'a enterré à la va-vite dans le jardin, alors que Baudouin, les cérémonies !

> C'est pas les rois qui manquent, c'est les royalistes.

Combien il a de gosses, le Baudouin ?
– Au moins vingt ! C'est des vrais lapins, ces rois !
– !

Perdre un roi, à notre époque, c'est un sacré luxe, chez nous on perd que du boulot !

Les rois sont gardés dans la glace, pour le cas où un jour on peut les soigner, et les habits sont gardés à part.

C'est à cause de cette salope de Fabiola qui l'a amené en Espagne respirer de l'air chaud qui provoque la suffocation !

Dans la région pendant l'été t'as mille vide-greniers ! J'aimerais bien savoir où ils sont, tous ces greniers qu'on vide.

Un roi, c'est un peu plus joli qu'un président en costume sale !

Tu verrais ces engins !
Hauts comme des
immeubles ! C'est pour
moissonner les
concierges, ces trucs-là !

C'est pas complètement
prouvé scientifiquement
mais en Auvergne on aurait
moins le sida, soit à cause
des anciens volcans, soit à
cause de la consommation
du fromage, on ne sait pas
encore, mais on saura.

Toute cette
vaisselle...
– Ça me
dérange pas,
avec une
chaleur
pareille, on
n'est bien
qu'à laver les
verres.

Les goélands ne
pêchent plus, pour
manger ils vont
dans les ports, on
en voit qui traînent
dans les rues...
comme des jeunes...

*Les campings pleins, pleins,
pleins, ils l'ont dit à la télé.
– Tu sais, les journalistes, faut
pas toujours tout croire, ils
disent que les campings sont
pleins mais si ça se trouve c'est
pour le scoop.*

Souvent dans les brocantes de village tu trouves du neuf sale à acheter alors que tu cherchais du vieux propre, c'est comme ça maintenant, dans les villages.

Il a ramené un grillon de la campagne et il l'a mis dans son taxi, les gens donnent du pourboire, il appelle ça le «tarif grillon».

Beaucoup d'accidents sportifs arrivent quand on quitte les voitures.

On n'a jamais vu autant d'accidents de montagne qu'en ce moment, ah mais faut les voir les gens aussi, ils sortent de la voiture, ils mettent les chaussures et ils partent escalader le mont Blanc !
– On pourrait y monter en voiture, ça n'arriverait pas.

Comme les piquets de la tente attirent la foudre, on a planté des melons au bout, et dans le camping tout le monde nous connaissait parce qu'en général on plante des pommes de terre, les gens disaient : c'est ceux de la tente aux melons, c'est pour ça que j'aime bien le camping, quand il n'y a pas trop d'étrangers.

Le poisson peut pas pleurer, ni s'arracher les cheveux, et de toute façon pour émouvoir quoi, quand on voit comment les pêcheurs se parlent entre eux ?

> *Les cons sont souvent plus
> heureux que les autres.
> – Oh la ! Faut pas dire ça !*

Moi je m'en fous pas mal, tout m'ennuie, à la campagne je m'ennuie, à la mer, au boulot j'en parle même pas, en famille je m'emmerde comme c'est pas permis, je regarde même plus la télé, j'écoute pas la radio, je lis pas le journal, j'en lis jamais d'ailleurs, quel intérêt, quand on voit les conneries que font les gens qui s'ennuient pas, t'as vu Disneyland, et les constructions au bord de la mer, et les autoroutes pour tout ce monde qui s'ennuie pas, tous ces gens qui sont contents d'aller se baigner ou d'aller se promener, y font huit cents bornes pour aller regarder un œuf de poule ces cons-là, ou pour aller se tremper le cul au milieu des méduses, aller se cailler les meules à la neige, faut voir ce qu'on a fait à la montagne pour tous ces gens qui s'ennuient pas, qui font du ski et de la luge et qui bouffent de la fondue, c'est inimaginable, inimaginable ce qu'on a détruit pour occuper les gens qui ne s'ennuient pas, au contraire si tu regardes ceux qui se font chier, qu'est-ce qu'il leur faut, à ceux qui se font chier, rien, de toute façon y se font chier partout, c'est pas la peine de les amener à Venise y vont se faire chier, en Espagne y vont se faire chier, sur la lune y se font chier encore pire qu'à la campagne, et sur les manèges, et au cirque, et dans les villages-vacances, et au mini-golf, et même au golf normal, les gens qui se font chier ont besoin de rien, un coin pour se mettre et qu'ils se fassent chier tranquillement sans que personne vienne les emmerder là, des habits, un peu à manger mais pas trop compliqué, ça les fait chier rien que d'y penser, et pas la peine de leur parler de rien ça les ennuie d'avance, non, les gens qui s'ennuient n'ont besoin de rien d'autre que d'un peu d'ennui, en somme ça récupère ce que les autres ne veulent pas, au fond, si tout le monde s'ennuyait sur Terre eh bien le monde irait un peu mieux...

Les boîtes aux lettres seraient au dernier étage de l'immeuble, les jeunes les casseraient moins.

Personne pouvait prévoir l'effondrement du communisme, pas même moi !

Je ne sais pas si vous avez remarqué, mais les vieux sont moins ridés qu'à l'époque.
– ...
– On ne trouve plus de beaux vieux, dans quelques années on mourra lisses comme des œufs.
– C'est les crèmes anti-rides peut-être...
– Anti-rides ? Anti-vieux, vous voulez dire !

Des mouches ! Des mouches ! Des mouches ! Des mouches !
– Oui, eh ben on le saura que la Grèce est pleine de mouches !

Hollywood, c'est La Mecque du cinéma, et La Mecque, c'est le Hollywood de la religion, pour ainsi dire.

Je suis malheureux dans le dedans, mais dehors ça va.
– ...
– Je suis un œuf pourri.
– ...
– Au milieu des autres œufs, on me reconnaît pas...
– ...
– ... faudrait que je me casse...
– Oui c'est ça, casse-toi !

Elles sont protégées.

Tout ça c'est magouille et compagnie, le S.M.E., ça rapportera aux Essaimistes, et point final !

Le docker aime pas assez la mer pour être marin et pas assez la terre pour être routier, alors il est docker.
– Il en faut.

Tous ces satellites qui tournent autour de la Terre, faudra bien un jour qu'on leur dise d'aller tourner ailleurs !

… il est loin, le temps des autoroutes en bois…

Les Serbes, les Croates, moi j'en prendrais un pour taper sur l'autre, ça les calmerait !

Nous, on fait des belles merdes naturelles, et puis ça va dans des cabinets chimiques !

En plus le chimique te mange les fesses, c'est jamais rassasié, le chimique.

Le coq chante et le tigre répond, c'est comme ça quand un cirque s'arrête dans la campagne.

On sera bien comme des cons le jour où on va arrêter de polluer ! Et les nuages, qui c'est qui va les faire ?

C'est pas toujours le moins con qui a raison, et c'est bien comme ça !
– C'est de la justice.
– C'est ça !

Rocard sera jamais président, il a une maladie des os et on comprend pas ce qu'il dit.

L'âme s'envole après la mort, parce que franchement, chez l'homme, c'est ce qui pèse le moins lourd !

L'amour normal tu peux le faire plusieurs fois de suite, mais l'enculage une fois ça suffit.

     ... largement.

Un Français sur cinq a plus de soixante ans.
– Un seul ?
– Un seul sur cinq.
– Ça m'étonnerait, j'en connais déjà deux, des Français de plus de soixante ans.

Le plus féroce des soldats, avec un casque bleu vous en faites une tantouse.

La pollution ronge la pierre, ça fait comme des caries, et c'est là qu'on est bien content de ne pas avoir sa statue !

Le meilleur moyen de se débarrasser des séparatistes, c'est encore de les séparer.

Les étoiles filantes renseignent sur la naissance du système solaire, c'est comme des vieilles photos de mariés qui tomberaient du ciel.

Le camembert
est un être vivant.

C'est bien la peine d'avoir
une chemise en soie et de
boire du rouge ordinaire !

Si le Noir a
les mêmes
droits que
le Blanc, alors
il faut que le
Blanc il ait les
mêmes droits
que le Noir.
– Du genre ?
– Du genre...
jouer de la
trompette la
nuit.

*Les spéculateurs peuvent
gagner des milliards sur
un coup de téléphone,
moins le prix du coup de
téléphone.*

Moi, quand
je conduis,
je bois
presque pas.

Vous pouvez nous
remettre une petite
collation...

Ça va vite...
– Trop vite, le
lendemain du
Tour de France
on pensait déjà
plus vélo.

Balladur, il fait
sérieux, il
ressemble à un
animal qui enterre
ses crottes.

J'aurai jamais
peur d'aller dans
le bureau du
patron tant que la
porte sera en bois.

Tapie, même en
prison il aura des
huîtres...

Avec tous ces morts sur les routes, ça en fait du manger qui va se gâter dans les frigos.

J'ai toujours habité sur une péniche, toujours ! Pour moi, c'est la terre qui coule et moi qui ne bouge pas.

L'eau c'est du parquet, un coup de soleil là-dessus et ta péniche elle glisse comme un chausson !

Y a trop de violence à la télé, mais par contre, y en a pas assez à la radio.

Tu avais remarqué que Robert Mitchum porte le même prénom que Robert ?
– Ah non.
– Je m'en suis rendu compte hier en regardant le film avec Robert Mitchum.
– Robert... Robert Mitchum... Robert...
– Robert Mitchum.

Il fait du cent soixante sur autoroute sous prétexte qu'il a sa patte de lapin accrochée au rétro.
– Il y croit, à ça ? Quand on voit comment les lapins sont nourris, maintenant, moi j'aurais pas confiance.

A minuit c'était ! C'est des étoiles filantes pour ceux qui bossent pas, ça !

Redéploiement des casques bleus, redéploiement des casques bleus, à force d'entendre ça, on va croire qu'ils ont des plumes au cul, ces pauvres soldats.
– Ils ne sont quand même pas responsables du vocabulaire !

Ils ont mis la nuit des étoiles filantes pendant les vacances, comme ça les enfants peuvent regarder...

Ça fait rêver.
– Ça fait rêver ceux qui dorment pas, parce que ceux qui dorment, y rêvent déjà !

Tu parles d'une connerie, leur nuit des étoiles filantes, paraît-il qu'y devait y en avoir des milliers, y en a eu trois !
– T'as regardé ?
– Non !
– Comment tu...
– Ils l'ont dit à la radio.
– Quoi ?
– Que y en avait trois.
– Y z'ont regardé ?
– Comment je saurais ? Et à la télé y avait pas d'images.
– Qui c'est qui a regardé, alors ?
– Les trois étoiles filantes ? Trois cons.

C'est pas une petite étoile filante qui va donner aux autres étoiles l'envie de bouger, c'est que du show-bizz.
– Mal fait en plus.

Le classique est moins varié que la variété, forcément, mais d'un autre côté les morceaux sont plus longs et ça compense.

Pour te faire un classique de trois heures il te faudrait je sais pas combien de variétés.

Tous les alpinistes chient dans la neige, alors résultat ton glacier c'est plus qu'une boîte de «Mon Chéri».

Dans le sud de la France, tu creuses un peu, à un mètre t'as plus que du caillou, à un mètre de profondeur t'as déjà plus de France, t'es déjà plus en France, à la limite si tu continues de creuser, t'es perdu dans les cailloux, comme si, tu veux, c'était un désert souterrain, directement sous le sud de la France, et qu'à mon avis si on veut pas que la France du sud disparaisse dans ce désert faudra ramener de la terre du nord, mais ça, c'est des travaux énormes, personne ne veut les faire, jusqu'au jour où ça sera trop tard, et ce jour-là, ça va pleurnicher dans la garrigue, moi j'te l'dis.

Le pape vient à la maison, je fais du jambon.
– Tout le monde aime ça.

(Il regarde ses chaussures, content.)

Qu'est-ce que tu veux de plus pour 32 francs ?

Une volière de vingt mètres de haut, c'est haut pour ceux qui volent pas, mais pour ceux qui volent, c'est bas.
— *Bon, écoute, pour une bande de cons de piafs c'est déjà bien assez haut.*
— *T'énerve pas, je dis ça comme ça...*
— *T'es du syndicat des piafs ?!*
— *?*
— *Alors ?*
— *...*
— *Faut pas déconner, vingt mètres c'est deux fois le plongeoir de dix mètres, t'es déjà monté sur le plongeoir de dix mètres ?*
— *Non.*
— *Alors tu parleras volière quand t'auras plongé !*
— *Je sais même pas nager.*
— *En plus ! Tu sais pas nager et vingt mètres pour les oiseaux c'est pas haut !*
— *?*
— *D'abord c'est rare que les oiseaux volent à cette hauteur-là, t'as peut-être les aigles et les buses mais les autres, là, tous les piafs normaux, tu les verras jamais à plus de deux-trois mètres de haut, et souvent les races restent par terre puisque c'est là qu'on trouve les vers et les graines ou les miettes de pain quand t'as des vieux qui en donnent, et là d'ailleurs les oiseaux volent plus, ils restent au pied des vieux.*
— *Possible.*
— *Tu fous un vieux dans la volière et t'as plus un oiseau qui vole.*
— *Possible.*
— *Tu peux même la faire d'un mètre vingt, ta volière, t'as pas un piaf qui va se plaindre.*
— *Sans doute.*
— *Dis donc, tu te déballonnes vite devant moi, toi...*
— *C'est juste de la discussion, toute façon...*
— *Comme ça la cage pour un piaf comme toi ! Comme ça...*

L'artiste est un enfant.
– Justement, des gifles !

Ah c'est joli, ces parapentes dans la montagne ! Ah je vous jure ! On dirait des Kleenex dans le vent !

Et des parkings, que des parkings, que des parkings !

L'homme veut s'élancer comme un oiseau mais il va jusqu'au bout de la branche en voiture…

Que des parkings, que des parkings !
– Remarquez, c'est pratique pour se garer.

Avec un petit bout d'hostie sur une tapette, en montagne tu peux encore choper un curé.

La France vieillit, et c'est pas un bon exemple pour les jeunes.

Le sida, finalement, c'est rien qu'un petit champignon.

La méduse nage comme ça.
– T'es sûr ? Molle comme ça ?
– Comme ça.
– Et ça c'est quoi ?
– Les filaments qui traînent derrière, si tu touches ça pique.
– Ça marche au fond ?
– mais non ça marche pas au fond, mais je vais pas m'envoler pour te montrer.

Alors y z'ont quoi, les grands gamins ?
– Des kirs.
– Combien ?
– Six.
– Et pis ?
– Deux sandwichs.
– Deux sandwichs, un chacun, et pis ?
– Six ballons.
– Six ballons. Café ?
– Pas de café.
– Pousse ?
– Pas pousse.
– Rhum ?
– Non.
– ...
– Pas d'alcool.
– Boulot boulot ?!
– Boulot boulot.
– Pas de café ?
– ...
– Café ? Café ?
– Vite alors.
– Deux cafés pour les grands gamins... Pousse ?
– Non.
– Vite. Rhum ?
– Vite.
– Deux rhums.
– Après on dira que c'est de notre faute.

Quoi ?
– Rien, c'est le chien qui a bâillé.

... *le frangin, le grand frangin, mon grand frangin, dans le Nord...*
– *Connais pas.*
– *... le grand frangin, mon grand frangin, à l'anniversaire de ma mère, dans le Nord, c'était la bringue, le grand frangin y va pisser, on lui prend son verre on met de l'eau d'dans, y revient, y boit, c'est de l'eau, alors y gueule et y dit, « bon alors d'accord je bois de l'eau ! » et il a bu de l'eau toute la soirée, à l'anniversaire de ma mère, ah la tête de vache çuilà, il est pas CRS pour rien, tiens, çuilà.*
– *Connais pas.*
– *André, mon grand frangin.*

Tu peux pas tout, photographier, une montagne, les étoiles, un train tu peux, mais un con bourré, amuse-toi !

C'était tout blanc mais y avait que les anges qui étaient bleus.
– Combien ?
– Cher, trois cents francs l'assiette.

Bois pas trop.
– Et pourquoi ?
– T'as déjà oublié ?
– Mais non, j'ai pas oublié.
– ...
– ...?
– Ce soir on est invités.
– Mais j'ai pas oublié ! En plus c'est à neuf heures.
– Justement.

Les Parisiens, c'est des fous !

Les racines des grands arbres soulèvent des maisons mais tu peux pas les faire travailler comme les éléphants, les arbres sont trop lents, trois cents ans pour soulever un rocher, économiquement c'est pas rentable, les ports s'arrêtent et les bateaux attendent.

Comprenez, les gendarmes en ont assez d'aller rechercher les imprudents en chicoptères.
– En hélicoptères, maman, hélicoptères.
– On coupe pas sa mère !

Un coup d'œil et y me sert, c'est du dressage, comme le tigre, un coup d'œil et y monte sur le tabouret...
– *Quel frimeur, ce mec !*
– *Pas du tout ! J'ai rien dit, y m'a servi mon rosé.*

Washington et Moscou ont invité les participants aux pourparlers de paix à Washington, et Moscou ont invité les participants aux pourparlers de paix à...
– T'as ressauté au début.
– Faut pas que je bouge quand je lis, moi.

Je préfère manger la crotte du ver qui mange du fruit que croquer le ver lui-même, c'est plus propre.
– Moi, ni l'un ni l'autre.

J'aime bien le bronzage, ça permet de voir les cons qui se sont fait bronzer.

C'est en réfléchissant trop qu'on perd ses cheveux.
– ...
– ...
– ?
– ...
– ?
– *Y paraît.*   C'est vraiment bizarre comme l'homme il est fichu...

Et d'abord, je le ferais passer au détecteur de mensonges, le Tapie.
– Au détecteur d'enculeries, oui !

On lui paye un coup ?
– Laisse-le, s'il réclame pas...

A la racine du cheveu t'as une poche, la racine du cheveu pousse dans la poche.

Des fois avec un kir je suis heureux, et des fois avec un kir je suis malheureux.
– *Le kir n'est pas un apéritif confiance.*

S'ils creusent le tunnel, y aura plus d'ours dans les Pyrénées.
– Putain y sont bien fragiles, tes ours, c'est à force que les écolos les gavent de bonbons.

Le cinéma c'est rien, c'est que du drap.

Il a eu une vie bien remplie et puis il est mort, sa vie bien remplie, elle s'est vidée d'un coup dans le trou.

Il n'y a plus le gaz, plus l'eau, plus le téléphone, on ne peut plus vivre normalement dans Sarajevo, même les choses les plus simples, téléphoner en cuisant les nouilles dans la cuisine allumée, on ne peut plus...

Même si tu achètes les joueurs tu pourras pas acheter le ballon.

Mitterrand, à force, y doit en avoir gros sur sa caisse d'épargne.

*Les hôpitaux de Moscou n'ont aucun matériel, ils font les rayons avec des lampes de poche.
– Si ça marche...*

Le violoncelle, quand c'est bien joué, on dirait du violon fabriqué dans de la peau d'orange.
– Ah ?

– *En humour, d'abord, le plus important c'est de savoir se moquer de soi-même, moi par exemple, j'ai un gros nez.*
– ?
– ...
– ...
– ...
– *Il est pas très marrant, ton humour.*

Même si tu es laid physiquement tu peux être beau avec l'intelligence, ou seulement pas mal de l'intelligence, tout le monde peut pas être Marlon Brando de la citrouille, non plus...

Je veux bien qu'on me mange quand je serai mort si ça peut faire manger des gens.

Des tonnes et des tonnes de pêches à la décharge, c'est scandaleux !
– Les gens mangent des yaourts.
– A la limite on ferait mieux de jeter les yaourts à la décharge, au moins eux ne sont pas des êtres vivants !

Tous les ans, on se fait voler trois ou quatre piquets de tente.
– C'est marrant.
– Eh bien pas cette année.
– Ça s'arrange, alors ?
– C'est le résultat des gendarmes à vélo.
– Ah oui, je les ai vus à la télé.
– Ils ont montré les vélos aussi ?
– Oui oui, on les a bien vus.
– Ils en auraient mis avant, on en aurait économisé, des piquets de tente !

Tout le gouvernement s'occupe des lois sur les immigrés, et pendant ce temps-là personne s'occupe des lois sur nous !

Des mecs comme Tapie, je leur foutrais une boîte noire au cul, sinon tu sais jamais où ils sont à magouiller.

Il appelle ça un zoo ! Un zoo avec que des poules, moi j'appelle ça un poulailler, et c'est un professeur spécialiste en poules.
– On aura tout vu, sur cette Terre...

La pluie choisit pas où elle tombe, des fois tu vois des gouttes qui tombent dans des endroits, la pluie a pas pu trouver ça toute seule, en plein dans le bouchon de Javel retourné, des fois.

On sait des choses qu'on doit pas savoir et ce qu'on doit savoir on le sait pas !
– C'est comme ça maintenant.
– C'est le merdier !

On voulait aller voir un spectacle avec des chevaliers mais finalement on a mangé des artichauts.
– Les vacances, c'est fait pour changer de programme, aussi.

9 secondes 87 au cent mètres, ça fait du 20 secondes au kilomètre !

On l'a vu, le pont de l'île de Ré, ça tiendra pas, y a déjà des moules sur les piliers.

Les vagues ramènent tout sur le bord, et en premier, de l'eau.

On lui donne des petites tranches de pain, depuis qu'il est à la retraite il ne veut plus manger de viande, il dit qu'il est un boulet pour sa famille.
– Remarquez le pain, ça nourrit.

Le pognon que je dois, c'est tant, alors je rembourse tant, mais plus, jamais, ce que je dois tant c'est tout, la banque elle aura ce que je dois, pas plus, net, ce que je dois pile, c'est normal, non ?!
– *Euhhhhhhhh...*
– *Ce que je dois net pile !*
– *Oui.*
– *T'as pas l'air de me croire.*
– *Holà si !*
– *...*
– *?*
– *Ah oui c'est vrai, t'as ton neveu dans une banque !*
– *Ça n'a rien à voir, René, j'ai mon libre pensée !*

Un éléphant c'est gros, mais par rapport à un camion c'est rien.
– Tout est relatif.
– Le camion c'est pareil, il est gros, mais sur un bateau c'est rien.
– Tout est relatif au bord de la mer aussi.

Si vous voulez tracer un cercle sur de la tôle par exemple, pour faire un cône, eh bien c'est dans les livres.
– ...
– Un cercle c'est rien, mais un cône demande des calculs qui sont dans ce livre.
– Combien je vous dois ?

On a fait un régime poisson, poisson, poisson, poisson, poisson.
– On n'en mange pas assez.
– Oui justement, là, régime poisson, poisson, poisson, poisson, poisson.
– Que du poisson ?
– Que du poisson.
– A force vous en aviez pas assez, du poisson ?
– Non non, poisson, poisson, poisson, poisson.
– Et c'est pas écœurant ?
– Non.
– Sans arrêt du poisson ? Du poisson, du poisson, que du poisson.
– Régime poisson.
– A la longue...
– Oui, à la longue, on en a assez.
– Ah ! C'est bien ce que je pensais !
– ...
– On est à la mer alors on s'oblige, je vous trouvais une drôle de mine...
– Ah bon ?
– Toute grise.
– Ah bon ?
– ...
– C'est le poisson.

Le poisson c'est comme tout, si on en mange trop ça devient de la viande.

Le 24 août, j'ai vu la division Leclerc à l'Arc de Triomphe.

Quand j'ai fait le con la veille, le lendemain je suis calme.
– Je te trouvais bien calme, c'est pour ça, t'as fait le con la veille, la veille c'était quand ?
– Hier... toi aussi t'as fait le con, on dirait.
– Quand ?
– Hier.
– C'était quand ?
– ...
– ...
– C'est bien, la Heineken, c'est léger, ça fait rince-cochon.

Un feu de forêt, un feu n'importe où, un feu chez vous, nous on vient puisque on est des pompiers.

C'est la mafia qui fout le feu en Corse, d'ailleurs c'est pas dur, suffit qu'ils balancent leurs cigares.

Bon, ben on va aller plus loin...

C'est des rosiers qu'il a mis, mais attention, c'est des rosiers, y faut pas avoir le cancer, c'est des boutures, faut trois ans.

Ils vivent dans des roulottes et ils font des paniers d'osier comme les animaux.

Jusqu'à preuve du contraire, c'est encore moi le patron !

*Dans l'eau t'as pas de microbe, ou alors maximum dix, le microbe ne respire pas sous l'eau sauf dans l'eau à bulles.
Errare humanum test, l'erreur est normale.*

Je veux bien donner mes organes mais que ce soit greffé sur un animal...

Il a travaillé à Avallon et puis il est mort.
– Il est monté à Paris ?
– Non non, jamais !
– ...
– Quoi faire ?

*Ils sont entrés dans le village et toute la population leur a offert des pichets de cidre.
– Aux Allemands ?
– Mais non ! Aux Français !*

Je connais quelqu'un aussi comme ça, il a travaillé à Versailles et puis il est mort.

On voulait faire restaurant mais on s'est dit avec ma femme, pourquoi faire restaurant, si par exemple y a pas de clients, alors on a décidé de faire que le bar, et y a personne... Si ! Une fois on a eu Roger Pierre qui est venu au festival de Cerisiers, on lui a pas fait payer, Roger Pierre ça impressionne, dans une grande pièce vide comme ça, il a dédicacé une photo, elle est là la photo... bon... merci bonsoir...

... je serais bien allé à la fête du Houblon mais je reprends le boulot demain...

Tu peux mettre ce que tu veux dans une salade, mais c'est la vinaigrette qui décide de l'intelligence de ta salade.

Je ne lis aucun livre, et après ? Je suis con ? Et après ?

Tu peux séparer les siamoises, bien sûr, mais attention, du coup ça te fait deux enfants au lieu d'un, et ça on n'y pense pas, pour l'école, pour tout...

Des fois j'ai la barbe qui pousse, et des fois elle pousse pas, comme si elle sait quand je sors pas, là elle pousse, et quand je dois sortir, là elle pousse pas... peut-être c'est une barbe qui réfléchit.

Quand tu penses au nombre d'œufs cassés tous les ans, si tu te fais réparateur d'œufs, tu gagnes des milliards !

Non non non non non non, c'était fin juillet.
– Si.
– Connasse.

Pas con.

Il ne s'en sert jamais, de son véhicule utilitaire.

On traduisait le latin en français puisque, au final, le latin ce n'est que du vieux français, eh bien c'est fini, on le traduit en anglais !
– *Comme si les Anglais n'avaient pas leur vieux anglais...*

Ça finira qu'on traduira le français en anglais plutôt que laisser le français en français.
– ?

Quand on regarde des photos de la Terre prises depuis l'espace, on a l'impression que c'est pas habité, et si ça se trouve c'est pas habité, en fait on vit pas sur la Terre, on vit sur une autre planète que la Terre, et du coup sur les photos de la Terre, c'est vrai, elle est pas habitée, et d'abord comment savoir si on est vraiment sur la Terre, on a toujours habité là, c'est pas comme si on était arrivé un jour et qu'on avait vu un panneau, pas du tout, on n'a pas vu de panneau, et pour commencer qui c'est le mec qui a dit qu'on habitait sur la Terre ?! Comment il le sait, lui, d'abord ?
– En tout cas c'est pas moi.
– On pourrait très bien être sur la Lune, et c'est la Lune qui est en fait la Terre.
– Et après ?
– T'as raison, on s'en branle.

Le premier jour de la paix tout le monde est content et c'est absolument normal, et le deuxième jour tout le monde tourne en rond en disant, bon, qu'est-ce qu'on fout ? Bien sûr puisque la guerre t'a détruit absolument toutes les infrastructures sportives, et les salles de spectacle ont morflé, c'est des tas de cailloux, les routes t'en as plus, les plages elles sont pleines de mines, t'as des vieux obus dans le sable, tu peux aller nulle part, tu tournes en rond avec les autres combattants, t'es appuyé aux voitures dans la rue déserte avec les fusils que tu as plus le droit de t'en servir, t'attends, c'est le matin, et après c'est midi, tu peux même pas dire, tiens, on va aller se boire un apéro, tout est détruit, t'as plus de bistrots, t'as plus de restos, t'as plus un self, tu peux même pas faire un flipper, après c'est deux heures, ça glandouille toujours, y a des gens qui commencent à passer avec des pelles, la guerre est finie depuis un jour que déjà ça rebosse, t'as la paye qui retombe mais tu peux rien dépenser, même à la montagne t'as que du barbelé partout, t'es condamné à te faire chier dans la rue, après il est déjà cinq heures de l'après-midi, et t'as rien fait, de toute façon y a rien à faire, et t'es pas le seul, en face c'est pareil, l'ennemi il est appuyé à ses voitures à lui et il se dit, qu'est-ce qu'on glandouille, alors forcément ça commence à tripatouiller les fusils, soi-disant pour les ranger, t'en as qui jouent à faire les cons, à viser en l'air ou à viser des fenêtres de l'autre côté de la rue, et pareil pour les gars de l'autre côté, ça fait les cons, ça se pince le cul à travers le treillis, il est huit heures du soir et les mecs ont pas envie de rentrer voir leur bonne femme, eh bien tu peux être sûr que c'est bien de la chance si y a pas un coup de fusil qui part et que la guerre elle recommence de plus belle, ça, tu peux être sûr...

Édouard Balladur a passé son week-end à Chamonix.
– Encore ?!

Balladur, je voudrais pas l'embrasser dans le cou.

Un naturiste maigre est encore plus à poil qu'un naturiste enveloppé, finalement, le plus grand naturiste, c'est celui qui a même pas la peau sur les os.

Le feu de forêt est naturel, c'est éteindre le feu qui est pas naturel, si tu crois que les hommes préhistoriques avaient des pompiers pour éteindre les feux, et y a jamais eu autant de forêts qu'à l'époque préhistorique, ça fait vendre de l'eau, c'est tout...

Quand j'ai vu les naturistes, incroyable, tous à poil ! On m'a expliqué, j'ai pas cru... mais alors, tous tous tous à poil... comme si on avait volé les valises.

Ma belle-mère, soixante-dix ans, elle est allée en Afrique, ça l'a pas impressionnée, paraît que c'est tout petit.

Il a un caniche, mais son chien spirituel c'est le danois.

Y a ces cons de la
NASA qui savent plus
où est Mars.

Vous avez vu toutes
ces grues ? !

Un musée
de la Mer, c'est
de l'humidité
sur les murs.

*Même un très mauvais
film américain sera
meilleur qu'un bon film
français, je sais pas
comment ils font.
– Ils ont des mauvais
très forts.*

*Moi quand je pisse
je pense à autre
chose, y en a qui
pensent qu'y pissent,
pas moi, moi, quand
je pisse, je suis
indifférent comme le
roi !*

On aurait pu
avoir la palme du
« village fleuri »,
mais il a mis des
slips à la fenêtre
et on l'a pas eue.

Les sportifs
français, à part
manger dans le car,
on sait pas trop ce
qu'ils savent faire.

*Le délit de sale
gueule, n'empêche
que si t'as une
bonne tête, ça
n'arrive pas.*

Le muscle d'un
sportif, c'est 50 %
de viande, 50 %
de publicité.

Personne a le même
prénom.
– Hein ?
– Le même nom.
– Pfu !
– La même voiture.
– Heu !
– Le même enfant.
– ...
– ...
– ?
– Et la Chine, sont tous
habillés comme ça.
– ?
– Putain, mais je parle
dans le vide ou quoi ?

*Un petit chocolat
et une tartine.
– Vous voulez
que je vous fasse
une tartine ?
– Ben oui.
– C'est pas un
hôpital, ici.*

*Vaut mieux avorter en
mangeant des rillettes avec
la listériose dedans, tant
qu'à faire si c'est possible,
plutôt qu'aller à l'hôpital ;
en plus si ça se trouve, à
l'hôpital, on te donne des
rillettes qui font avorter et
on te fait payer comme si
c'étaient des soins
énormes...*

L'éléphant fait
un seul enfant,
qu'il porte
pendant deux ans.
– Les Suédois,
c'est pareil.

J'ai l'impression
que je vais regrossir
cette année.

Des rillettes
avorteuses,
maintenant !
C'est déjà
l'an 2000.

La batterie est neuve,
JEU-TEU-DIS elle est
neuve !

Mozart, c'est pour les vieux.

...
– ...
– ...
– ...
– ...
– Pas bavard, aujourd'hui...

Il est tellement vieux, tellement vieux, tellement vieux, tellement fatigué.
– Il va mourir ?
– Je ne sais même pas s'il va y arriver.

Qu'est-ce qu'il lui reproche, Charles, à Diana ? Il a une vachement belle femme ! Il s'est regardé ? !

Le théâtre, faut que tu joues sur scène devant tout le monde, les gens te regardent comme si t'avais fait une connerie...

Les chevaux pur-sang ont des parents mais les autres en ont pas besoin.

L'envie de boire un coup, c'est plus fort que tout, c'est un raz-de-marée, on peut pas l'arrêter, t'as vu la digue ? *(il tire la langue)* Minuscule !

Tu peux rien faire avec la mer, et qu'est-ce que tu veux en faire, de la mer, rien, tu regardes les vagues qui ne servent même pas pour des glaçons, la mer c'est la grande inutile, et les bateaux ont qu'à faire le tour !

Les Antilles,
hors saison,
t'as le même
temps qu'ici.

... Un jour, que on sera obligés
de partir dans l'espace avec des
graines dans les poches... ah la la...
ce jour-là, faudra pas avoir des
trous dans les poches.

J'ai un liseron
qui m'a étouffé
un rosier, là,
je discute plus,
je désherbe !

Avant, à la radio,
personne parlait
parce qu'on savait
pas encore si
quelqu'un écoutait.

On tue les mauvaises
herbes alors que peut-
être, en faisant des
croisements avec des
bonnes, on obtiendrait
des bonnes herbes à
surveiller, parce que des
fois elles feraient une
connerie...

*Les docteurs ça a
toujours les mains
dans les microbes.
– Ils sont immunisés,
à force.*

... Si tu vas par là,
toutes les poules qui
ne pondent pas sont
des poules chômeuses...

Des citrouilles,
des citrouilles,
des champs de
citrouilles comme
des culs au soleil.
– C'est bon pour
faire la soupe.

*En l'an 3000-4000, tout le monde sera
chômeur vu que les machines feront
tout, et même t'auras trois millions de
machines au chômage si ça se trouve.*

153

Le plus important c'est la fraîcheur du poisson.
– L'écoute pas, c'est des conneries d'écolo !
– ?

Le trucage, c'est une sorte de dopage, on en met parce que ça rapporte.

Ils vont interdire les trucages au cinéma, c'est vrai quoi, pourquoi y en a qui auraient le droit de tricher ? Hein ?

Tous les savants sont décoiffés, si t'es coiffé t'es un con.
– Euh je les encule, tes savants, moi !

Bouygues, c'était le roi du béton, ça l'a pas empêché de retourner poussière !

Je connais un bar, c'est un vrai bar de cons.
– Du moment que les mecs te parlent pas.

L'écologie, c'est fini, c'est plus à la mode, et ça va pas rajouter des fils aux haricots verts.

C'est rien, la connerie, c'est une valise, le problème c'est les cons pour la porter !

T'allumes la télé, c'est que des navets !

Il pète au lit et ça fait
partir le chien.
– On devrait pas vivre
tout seul.

J'aime bien l'avion mais les petits, pas les gros,
pas ceux qui volent haut mais ceux qui volent
bas, ceux qui vont pas vite, à 180 kilomètres-
heure, à deux cents mètres de hauteur, ça
avance pas, t'as le temps de voir les détails,
les chemins dans les champs, les arbres, ça fait
comme si tu roules sur un pont au-dessus des
champs, le pont de l'île de Ré, tu l'enlèves et tu
fais le trajet en avion, ça fait le même effet
qu'avant qu'on l'enlève, pareil que depuis qu'on
l'a mis, t'as l'impression de rouler en avion sur
le pont, tu vires les ailes t'es comme en voiture,
sauf que c'est des petits avions qui ont pas un
grand coffre et moi j'ai un break.

J'avais tellement mal
au cul, mais tellement,
c'est comme si j'avais
eu une dent cariée au
cul.

Ils viennent se
droguer dans
mes toilettes, et
pourtant je mets
plein du Harpic.
– Moi, je les
broierais dans
une machine.

Quand je vois ces cons
qui se promènent au
bord de la mer, j'aurais
honte d'être la mer !

Il est très bien habillé, mais des fois il chie dans son pantalon.
– Faudrait savoir ce qu'il veut !

Y a jamais eu de bordel dans mon bistrot !
– Tu sais comment on l'appelle, le patron ? Anticyclone.
– Exactement ! Avec moi y a pas de perturbations !

Moi, ce que j'aime, c'est donner des coups de couteau.
– Bon ben salut.

T'as vu la cicatrice...
– !
– C'est moi qui me la suis faite.
– ? !!!
– De là... à là...
– Bon ben salut.

Moi ce que j'aime c'est me donner des coups de couteau.
– Il a fini lui, oh ! Y me fait partir tout le monde lui, oh !

Comme y disait, Pierre de Coubertin, l'essentiel c'est de pas se faire chier.

La poésie, c'est la lumière à l'intérieur de la chose.
– Ah oui ?
– Ben oui.

C'est le plus intelligent que je connais.
– Je le connais pas ?
– Non.

Je suis immortel.
– Toi ?! Putain, ça m'étonnerait !

Dans le mot philosophie, t'as le mot philo, d'accord, mais t'as aussi le mot sophie.
– Ça veut dire quoi, sophie ?
– *Sophie ?*
– Sophie, ça veut dire quoi ?
– *Sophie ?*
– Ben oui, c'est toi qui parles de ça.
– *Sophie ?*
– *Sophie.*
– ...
– ...
– *Sophie ?*
– *Le prénom ?*
– Hein ?
– *Le prénom.*
– De ?
– *Qui ?*
– ...
– ...
– *Quoi ?*
– *Non non, j'ai rien dit.*

*O*n devrait pas boire.

*J*e vais arrêter de parler pendant un an.
– C'est ça...

*D*es chapeaux ! Mais des chapeaux !
– ?
– Extravagants !
– On se demande qui en achète encore...
– Ce sont des chapeaux pour les photos, sinon...
– On se demande qui en achète encore...
– ...
– ...
– Des chapeaux ! Mais des chapeaux ! Mais qui a une tête pour aller là-dessus ?!
– Les gens de la télé, et encore...

*J*e sais plus.
– Quoi ?
– Je sais plus.
– Quoi ?

*H*olà ! Ça va vite, aujourd'hui, m'sieur Lucien.
– J'ai du boulot.
– Ah... ça occupe.
– Allez, en voiture !
– *Simone.*

C'est quoi, cette histoire de bande de Gaza ?

C'est de la peinture qui sèche en une heure.
– Et après ?
– Après elle est sèche et tu peux fermer les volets.
– Moi je ne suis jamais pressée de fermer les volets.
– Alors vous pouvez prendre une autre peinture.
– Vous m'avez dit tu *et après vous m'avez dit* vous.
– Ah... ça doit être les vapeurs de la peinture
– C'est de la peinture qui fait tutoyer.
– Et qui sèche en une heure.

C'est pas une casquette ordinaire, regarde...
– ?
– ... eugarde...
– ?
– ... vu...
– ?
– ... on se penche et elle tombe pas.
– !

Je sais plus ce que j'ai dit...
– Personne sait, fais pas chier !
– Hein ?
– Fais pas chier !
– Hein ?
– Chier !
– Hein ?
– ...
– Hein ?
– Toi tu sors, maintenant ! Tu sors !
– Hein ?

Les gens vont être contents parce que s'ils ont perdu des êtres chers ils vont ressusciter parce que Dieu les a gardés dans sa mémoire.
– Ah bé ça c'est bien.

Vous savez
combien
on importe
de tonnes
de bananes ?
– De ?
– Bananes.
– Non.

*Ho-hisse
la saucisse !
Ho-hisse
la saucisse !*

Moi, je serais
diplomate...
– Tu serais pas là.
– Non, ça c'est vrai.

Moi je l'aime, ce
Balladur, on dirait
de la charcuterie.

Tiens ? Le mec des
chauffages Godard
qui fait du cinéma...

Il s'appelle peuplier,
comme le roseau.

Le radar est une atteinte
aux droits de l'homme.

*Ces gros camions sur les routes,
c'est des vrais dangers publics
quand on les voit comment y
roulent.
– Faut bien que tout le monde
travaille.
– Ah parce que pour vous, rouler
c'est un travail ? Y a pas de
roulettes aux charpentiers.*

L'ex-
Yougoslavie,
ça va pas
tarder à
devenir
l'ex-pays où
y avait des
gens qui
vivaient...

On peut quand même pas mettre
un gendarme derrière chaque arbre !
...en plus, y a plus d'arbres.

J'ai toujours rêvé de découper du saucisson comme un vrai professionnel.

En prison, les gars font l'amour avec des pommes.
– Y en a toute l'année.

Là, en Espagne, où on était, il n'y avait que des Allemands, à la limite c'est mieux.

On boufferait des crève-la-faim qu'on grossirait encore, nous autres !

On a eu du trente-cinq au soleil, l'ombre, à midi, l'ombre, c'était du café...

Tu manges un clochard, personne s'en aperçoit.

A Venise, t'as du thon dans la rue, enfin, ce qu'ils appellent la rue...

Ça enlève la buée de sur les lunettes.
– Ah ? C'est bien parce que quand je lave les verres, la buée...
– Avec ça, plus de buée sur les lunettes...
– Plus de buée ?
– Plus de buée.
– Ah c'est bien, parce que la buée, on voit plus ce qu'on fait, c'est un fléau.
– Si on savait combien d'accidents de voiture sont provoqués par la buée sur les lunettes !
– Ah la la, la buée !

Il n'y a jamais eu de volcans en Auvergne.
– Beu beu beu beu...
– Je le sais, je suis auvergnat !
– Beu beu beu beu...
– On dirait que ça en est mais ça en est pas, la preuve, l'eau de Volvic, de l'eau qui sort d'un volcan ? Non non non non.

On savait aller sur la Lune, on va sur Mars, résultat...

Faut plus rien envoyer dans l'espace et tout se garder pour nous sur la Terre, c'est plus l'heure du gâchis.

Les Américains en ont, des bombes hyper-précises, alors pourquoi on n'en met pas une dans les Halles ?

Si tu trouves un obus, surtout t'y touches pas !

Des milliards de dollars pour envoyer une sonde sur Mars !
– Et qui n'arrive pas.
– Elle serait arrivée, ça changerait quoi ?!
– On aurait appris des choses sur Mars.
– Quoi ?
– Je sais pas.
– Vous voyez bien...

Y a la peste à Moscou.
– C'est pas nouveau, ils l'ont toujours eue.

On ne se dispute pas *L'Evénement du Jeudi*, d'accord ?

Pour stationner, c'est un vrai chemin de croix !

On n'a qu'à dire qu'il était ici avec nous, Tapie !
– Non non, je veux pas d'histoires, moi !

Vu !

Si l'OM fait pas la coupe d'Europe, c'est plus la peine de nous parler de Maastricht.

Mais faut bien l'éteindre, l'incendie du gosier...

L'Europe oui, mais à une condition : chacun chez soi.

Tu verrais la moquette qu'il a mis dans sa voiture, on se croirait dans un bureau.

Et ces vacances ?
– Je suis pas parti.
– C'est vrai, vous n'êtes pas trop bronzé.
– Ça veut rien dire, j'aurais pu partir et qu'il fasse pas beau.
– C'est vrai.
– Remarquez on peut se tromper, vu que y en a qui restent et ils ont le beau temps, ils sont bronzés sans partir.
– Le bronzing veut plus rien dire.
– C'est vraiment mentir avec la peau !

Il se saoule et il va travailler après... tu comprends ? ... c'est pas sérieux.

Tous les Yougoslaves qui font la quête, les enfants ne sont pas à eux.
– C'est acheté.

Tous les jours
je peux pas parce
que le lendemain
je suis naze.

*Elle protège de la pluie
quand il pleut, elle protège
du soleil quand il fait
soleil, elle protège du froid
quand il fait froid, c'est la
casquette miracle.*

Il a la varicelle.
– La varicelle ?
C'est pas possible,
ça se fait plus.

C'est çe que
j'ai dit à Rodier.
– Quoi ?
– C'est ça que
j'ai dit à Rodier.
– Qui ?
– Rodier.
– A qui ?
– Rodier.
– Quoi ?
– C'est ce que
j'ai dit à Rodier.
– Du genre ?
– Rodier ? Normal.

Il pédale, il pédale
mais il réfléchit
pas... il a les
poumons dans la
tête...

Pour truquer
les matchs de
water-polo, ils
font jouer des
dauphins avec
des maillots
de bain.

*Excuse-moi !
– C'est pas grave,
moi je renverse
beaucoup aussi,
alors...*

Heureusement
qu'il en renverse,
parce que s'il
buvait tout ce
qu'il commande !

C'est pas lui qui parle,
c'est une cassette.

Y a quinze ans, ici même où je suis, il m'est arrivé une aventure.

Tiens ? Je pensais à toi, justement... à la télé, ils ont parlé de l'association Picardie nature.
– Et alors ?
– Je pensais à toi parce que toi, tu aimes bien la nature.

Monaco s'entraîne pas à Monaco, là-bas y a pas d'herbe.

Si j'avais un royaume à moi, sur le blason y aurait ma gueule.
– T'as bien raison.

Je marche pieds nus parce que j'aime la liberté, pour comprendre ça, faut le sens psychologique...

Maintenant c'est plus de la musique, c'est du tintafoin !

Elle a les yeux rouges parce qu'elle pleure tout le temps, ça lui irrite, elle risque de se boucher les yeux avec du calcaire à force de pleurer de l'eau salée.
– Qui c'est qui vous a dit ça ?
– Le docteur.
– Quel docteur ?
– Ben le docteur des yeux.
– L'ophtalmo ?
– Non, un autre, il vient ici, il a une casquette.

La tradition française permet de boire un alcool après le café, et c'est une bonne tradition, comme l'apéritif avant de manger, c'est une autre tradition française, on peut dire qu'en France on a au moins deux belles traditions, quand à côté de ça vous regardez les danses folkloriques, avec les costumes et le chapeaux, même si c'est joli, ça c'est vrai, c'est joli, je suis le premier à apprécier quand il y en a, mais n'empêche que ces traditions-là font vieilles traditions, un peu musée, on s'efforce de les conserver mais au fond on n'y croit plus, alors que la tradition de l'apéritif et du digestif est encore très vivace dans nos régions, à la montagne, partout, à la campagne, à la mer, tout le monde est traditonnel, si vous voulez, quand il s'agit de l'apéritif et du digestif, ce sont
des traditions du dedans de l'homme si vous voulez, toutes les traditions qui entrent dans l'homme sont plus fortes que celles qu'on se pose sur la tête ou qu'on se met aux pieds, les huîtres à la Noël, vous reconnaîtrez que c'est une tradition du dedans bien plus forte que la tradition de faire une crèche qui est une tradition du dehors, et que presque plus personne ne respecte, alors que les huîtres, des milliers de milliers pour ne pas dire des millions, et la dinde, et la bûche, tout ça va dedans et ça reste, d'ailleurs la religion a compris ça depuis longtemps, on vous met l'hostie dans la bouche, vous la sucez, vous l'avalez, c'est autre chose que si on vous la donne et que vous la glissez dans votre portefeuille, finalement, si on réfléchit un peu, combien de consommateurs viendraient dans ce petit café si on glissait les apéritifs et les digestifs dans son portefeuille ?

Sa mère est juive, ou c'est lui ?

Rabin ça fait juif, comme nom.

Arafat et Rabin signent la paix à Washington...? Ah oui ! En Israël c'est la saison des pluies...? ...

Une poignée de main, c'est que symbolique, mais c'est important aussi les symboles, tout marche avec les symboles, tenez, prenez le symbole du Bien qui est un ange...
– *Oui... alors ?*
– *C'est une image qui frappe et on s'en souvient.*
– *Oui... alors ?*
– *On comprend tout de suite de quoi ça parle.*
– *Oui... alors ?*
– *Vous êtes con, vous, on dirait.*

La paix moi je veux bien, mais bon... faut pas non plus... remarquez après tout... si c'est... quoique... la paix moi je veux bien, mais bon... faut pas non plus...

Des fois, une guerre, ça vaut mieux que la paix.
– Tout dépend ce qu'on veut.
– C'est ça.
– Et ça dépend ce qu'on cherche aussi.
– Et ce qu'on peut !
– Alors ça...
– Tout dépend.

Ce qui est bien, avec la signature de la paix entre Israël et l'OLP, c'est qu'on n'a pas vu la gueule à Tapie !

Une poignée de main et c'est la paix, un coup de pied au cul et c'est la guerre, finalement, rien n'a changé depuis la maternelle...

Le meilleur moyen d'empêcher les guerres c'est d'obliger tout le monde à faire en même temps des cornichons.

Il aurait pu se raser, le Arafat, pour une fois...

La formation des jeunes ? Et pour leur donner quelle forme ?

C'est le chômage planétaire, et si y a de la vie ailleurs, ça va pas tarder à leur arriver !

Elle travaille dans une usine de chips, mais elle, elle ne s'occupe pas des chips, elle s'occupe du personnel.
– C'est bien aussi.

Chirac ? Pour moi ? Une bite à lunettes.

Le chômage ! Le chômage ! Le chômage ! On n'entend que ça ! Finalement, on n'aura jamais autant parlé de moi !

On met les bons élèves avec les mauvais, résultat c'est mélangé, tu sais plus qui est qui là-dedans.

J'achète français, à condition que c'est fabriqué à côté de chez moi.

Tout a été inondé, personne fait de travaux, tu peux être sûr que ça va recommencer ! C'est une folle, cette rivière !
– Faut balancer du ciment dans l'eau, ça va la calmer.

On l'appelle Venise, tellement y met de l'eau dans le pastis.

Quel beau soleil !
– Ah oui, vous l'avez dit.
– Il est bien haut dans le ciel.
– Ah oui.
– Finalement, quand ça monte et quand ça descend, on s'en passerait bien, faudrait qu'il soit tout de suite en haut, le soleil, comme un lustre, un lustre, est-ce que ça monte et est-ce que ça descend ?
– Ah non.
– Faudrait un bouton gros comme une roue de camion pour allumer ce soleil.
– Ah oui.
– Ça ferait un emploi.
– Ah oui.
– Et on en a bien besoin.
– Ah oui.
– Tellement besoin !

La terre boit pas l'eau, alors ça inonde.
– Elle veut du Coca, celle-là, ou quoi ?!

Les inondations, elles passent dans le ciel avant de passer dans les rues, et ça ça fait peur !

On achète du cacao à la Côte-d'Ivoire, alors qu'on pourrait très bien en faire ici.

Il a une mare derrière chez lui, elle est toute calme, c'est même pas les deuxièmes rugissants.

Les Assedics m'ont envoyé péter.
– Aïe...

On paye les chômeurs à rien foutre, autant leur donner un boulot qui sert à rien, moi je trouve, c'est une question de dignité.

La dignité, c'est un peu les arêtes de l'homme, ça empêche d'être mangé.

Un sénateur c'est quoi ? Un gars qui se gratte quand il a un bouton ! Qu'est-ce que tu veux que ça soit d'autre ?

Si tu fous la merde je te vire !
– Putain... on a l'impression de picoler chez Damoclès...

Tu peux bloquer la vie du pays en enlevant les poignées de toutes les portes...

C'est toujours les pauvres qui sont au chômage, jamais les riches, les riches, on leur donnera toujours un petit boulot !
– Exactement...

Si tu fais un exploit par jour ça devient du quotidien, non, vaut mieux glander, si t'arrives à glander quotidiennement, ça devient un exploit.

T'imagines Balladur à l'Élysée ? C'est comme si tu poses une pendule sur une cheminée.

On mange pas les mouettes, c'est des oiseaux qui mangent du poisson, c'est pas bon, on mange pas ce qui mange du poisson, les Japonais bouffent du poisson, on n'en mange pas.

Simone ? Pour un bébé ça va pas.

Le poids d'une vie, sur une balance, pour moi, c'est soixante-sept kilos...

C'est de la tarte à Jiji !

Des gros mots, des gros mots, il ne dit que des gros mots, et on se demande comment il les apprend, il est sourd...

C'est un fou, il dit qu'il a des dettes de jeu sur Mars.

Chez EDF, t'as de l'électricité à manger à la cantine.

Faudrait un impôt sur la connerie !
– Moi je m'en fous, je paierai pas.

On dit une douzaine, maintenant, y a mille ans on disait seulement douze et tout le monde comprenait.

Dans la vie t'as les asticots et les vers à soie, lui c'est un asticot, y sait pas s'habiller.

Le pot-au-feu c'est l'arrière-train.

Midi ? Et il est pas là ?!

Midi ? Et t'es encore là ?!

Les moines bouddhistes se rasent la tête parce que les poux bouddhistes sont les pires.

La nuit, si t'allumes pas t'as pas de lumière, mais si t'allumes t'en as, c'est une bonne description de la nuit, je trouve.

Excellente soirée à tous.
– Ho ? Comment il parle lui ? T'es de TF1 ?!

Mon nom de code, c'est cacahuète.

Moi je suis habituée à mon journal télé et personne m'en fera changer, même ma belle-fille, même ma fille, et il n'y a qu'une personne qui peut m'en faire changer, c'est Guy Lux.

On finit de manger à vingt heures trente, le film commence à vingt heures quarante-cinq, ça laisse juste le temps de débarrasser.

Les magasins ouverts le dimanche, je m'en fous pas mal, je fais jamais les courses.

Le subconscient des ongles, c'est la saleté en dessous, au fond c'est ça...

Un robot qui serait bien utile, c'est un déboucheur de cabinets à distance.

De toute façon je m'en fous, je porte plainte pour coups et blessures, et en plus pour arnaque parce que la tournée je l'avais payée.
– Tu gagneras pas, et en plus un procès ça coûte la peau du cul.
– Oui, alors dans ce cas-là c'est la jungle.

C'est la crème pour les boutons, je vous en ai parlé.
– Et ça marche ?
– Ah oui mais attention, vous arrêtez, les boutons reviennent, tous les jours faut en mettre.
– Si on oublie…
– Ils reviennent.
– Ah…
– C'est des boutons qui ont presque plus de mémoire que nous vous savez…

Il est célèbre parce qu'il est à la télé, mais c'est relatif, il sera jamais aussi célèbre que le camembert Président, c'est pas possible.

Des fougères immenses, partout, les dinosaures dedans, c'était comme une souris dans les poireaux.

C'est pas de la philo, que je fais, mais ceci dit la vie c'est que la mort vivante, au fond…
– Si, c'est de la philo.
– Mais non ! La philo… la philo… t'as vu comment je suis habillé, déjà !

Les oiseaux ne se rendent pas compte, sinon ils seraient tout le temps en l'air, pensez bien…

Tu remplis les classes avec de l'eau, tu fais rentrer les gosses, au final t'as pas beaucoup de différences avec l'aquaculture.

C'est la surproduction partout, tu te mets un grain de blé dans le cul, ça pousse, que veux-tu...

La Chine risque d'éclater.
– Fais-y voir où c'est marqué, à ton copain.
– Là.
– La Chine risque d'éclater... exact... Renault vous prête une Twingo.
– Où ?
– Là. Renault vous prête une Twingo... exact.

Ils ont revoté communiste en Pologne.
– Où ?
– En Pologne.
– Ah... en Pologne... c'est normal, en Pologne...
– Vous trouvez ?
– C'est là-bas qu'il y a plein de statues de communistes un peu partout sur les places et dans les jardins.
– Ah ?
– C'est comme des publicités chez nous... on voit Chirac, on vote Chirac, là-bas on voit la statue, on vote pour la statue.
– A ce compte-là, ils vont voter pour un communiste qui a un pigeon sur la tête...
– Ça se pourrait.

Verdi, ça s'écoute comme une lettre à la poste.

J'aime bien regarder les gens qui mangent en famille, dans la cuisine de l'immeuble en face... j'habite tout seul... alors faut comprendre, aussi... c'est pas de l'espionnage.... c'est... je sais pas ce que c'est...

Toutes les musiques sont bonnes, faut pas faire de la discrimination avec les musiques, la grande, la petite, d'ailleurs y en a pas une grande et une petite, y a de la musique, un point c'est tout, à la radio.

Vous avez vu ça ?! Un enfant qui a tué un enfant ! – Et alors ? Pour une fois que c'est pas un adulte qui en tue un ! Vous êtes jaloux ?

Les mouches sont jamais essoufflées.

C'est unique en France, ce qu'il fait avec ses oreilles.

Vous verriez sa collection de papillons, vous la verriez, ça couvre tout un mur de sa chambre, vraiment ça fait vivant, on dirait qu'il a barbouillé de la glande sexuelle pour les attirer là...

Je vais peindre une panthère
sur la camionnette, pour faire
dynamique en temps de crise...

Un marché qui
s'ouvre en Pologne,
c'est le fromage, le
Polonais est fou de
fromage, il a besoin
de calcium.

Qui ? Lui ?
En taule ?
Franchement, ça
m'étonne pas.

Quand tout le monde
flotte dans la fusée à
cause de l'apesanteur,
les microbes c'est
pareil, la grippe elle
se balade au plafond,
c'est normal, y a pas
de raison, c'est même
un bon moyen pour
soigner la grippe,
l'histoire du coup de
la grippe au plafond.

*Moi je serais
parent...
– T'es pas parent, toi !
– Je dis, moi si je
serais parent, les
enfants au lit tout
de suite sans la télé.
– Toi t'es une merde.
– J'ai dit si j'étais
parent.
– T'es pas parent,
toi !*

... Monter dans
une merde et faire
trois tours, c'est pas
du Walt Disney,
comme manège, ça !

Que des bons produits,
que des bons produits,
que des bons produits
et même trop de bons
produits, t'aurais vu le
bordel...

Le rock, c'est
une attitude.

Je suis très sentimental, moi...
– Mais dégage ! Tu vois pas
que tu t'as pissé dessus ?

Il faut créer des
nouvelles odeurs.
– Et t'en feras quoi ?
– Ça c'est pas mon
problème, moi j'invente
des nouvelles odeurs,
c'est à vous de vous
débrouiller.
– Moi ?
– Quand je dis vous
c'est pas toi, c'est des
industriels, avec des
nouvelles odeurs on
peut faire des nouveaux
produits qui sentent
pas pareil que ce qu'on
sent d'habitude.
– Des nouveaux
parfums ?
– Par exemple.
– T'inventes des
nouveaux parfums,
toi ?
– Non, mais je dis si
on était moins cons,
des débouchés y en a.
– On ?
– Le Français en
général.
– Ah...

T'as la double
nationalité, toi !
Français et en retard !

Moi les Beatles, je le fais.

*T'as vu comment
il est grand ! C'est le
Colosse des Rhodes.
– Rians, il est de
Rians.*

C'est souvent
que les chanteurs
ont aucune
instruction...

*Blair House ?
Comprends pas...
la maison du nez ?
Hein ? Hein ?
Comprends pas...*

Il est plus doué pour la foiridon que pour la plongée sous-marine, celui-là !

A la télé c'est toujours pareil, moi je me change le fauteuil de place sinon je me fais chier.

Quand les pluies sont diluviennes, c'est comme des pluies préhistoriques, les gouttes ont des dents, elles bouffent tout.

Tapie est encore chez le juge.
– Jamais il travaille ?! Et comment il vit, celui-là ?!
– A mon avis, c'est pour ça qu'il est tout le temps chez le juge.

Il a le rhume des foins.
– Et alors ? Il a qu'à planter de la betterave !

Balladur, c'est sûr, ça peut faire un bon président, mais pas en 2000, en 1900.

Si le pilote est très fort, l'hélicoptère peut se poser sur une branche d'arbre.

Maintenant c'est recta, le moindre orage et c'est l'inondation, c'est à croire si les gens ouvrent pas les robinets pour se faire indemniser.
– Mais non ! Qu'est-ce que tu vas chercher là ?

Le mur de Berlin, ils ont pas arraché les racines, tu verras qu'il repoussera...

Tu gagnes plus de temps à prendre le TGV que l'avion, le temps que l'avion monte, après il descend, toi t'es déjà chez toi au lit.

Piaf, c'est la plus grande, en plus elle a pas été incinérée, elle reviendra.

L'Europe, elle sera footballistique ou elle sera pas.

C'est la justice à deux vitesses. Des fois en prison ça passe vite, et des fois ça passe lentement, c'est ça la justice à deux vitesses.

L'instituteur il était venu voir mon père et il lui a dit, celui-là tu devrais lui faire continuer les études, et mon père il l'a envoyé dehors de la maison, et pourtant j'avais envie d'apprendre, et pourtant j'ai rien appris ! Je veux pas tirer de la morale de tout ça... non... je veux pas... et une fois je suis monté sur le châtaignier pour déloger un nid de pigeon, vingt mètres de vide en dessous... le châtaignier il existe plus...

Ça fait vingt ans que je fais de la brasserie, y a dix ans, dans la journée, je me faisais mon Pascal.

Moi j'ai travaillé au « Brouilly », mais le patron boit, moi j'aime pas quand le patron boit, à la limite c'est au serveur de boire.

Avec la suppression des frontières, tu vas voir comment les maladies elles vont se propager...
– Faudrait désinfecter les valises.

Je le dis à chaque fois, mais pour un tueur d'enfant, y a que la peine de mort !
– Même si c'était toi ?
– Même pour moi !

Les épidémies viennent très souvent de Chine, c'est le pays qui a le plus d'épidémies intra-muros.

Les petits chanteurs à la croix de bois, tu mets le feu aux croix, ça met le feu aux chanteurs.

Il connaît toutes les crottes des animaux, il peut les pister, comme ça, en suivant les crottes, les crottes du renard, celles du hibou ; la crotte, c'est comme une trace de pas qui sort du cul.

*Quand on mange du saucisson, on parle pas de la même chose que quand on mange des œufs, t'as remarqué ?
– Pas vraiment.
– C'est ce qu'on mange qui décide ce qu'on dit, t'as remarqué ?
– Pas vraiment.
– C'est pour ça que les riches et les pauvres disent pas les mêmes choses, y mangent pas pareil.*

L'opéra de la Bastille, vous y êtes allé ?
– Non.
– L'opéra normal, vous y êtes allé ?
– Non.
– C'est ce que je dis, avec les sous des opéras, on aurait pu en faire des opérettes ! Et on y serait allés !
– Non.

Les Somaliens je les enverrais en Yougoslavie, et les Yougoslaves je les enverrais en Somalie, au moins, pendant le voyage, y se battraient pas !

Je dis pas qu'on devrait se torcher quand on pète, je dis pas ça, je dis qu'on devrait au moins se faire une mini-torche...

Attention, vous avez accroché votre parapluie dans la manche du monsieur.
– Vous voyez, comme quoi tout arrive.

Ils ont tué l'OM ! Et qu'est-ce qu'il reste comme espoir, à la jeunesse de notre pays ?

Avant je tapais sur ma femme, maintenant je touille mon café pendant une heure.
– Faudrait pas vieillir.

Un jour, tous les paysans auront disparu, on fera des parcs d'attractions pour aller en voir.
– Des Disney-ploucs.
– Ce genre-là.

... je sais pas comment c'est dans les autres régions, mais en Bretagne c'est comme ça.
– Quoi ?

Et pourquoi les mines c'est dans le Nord ?
– Essaie de creuser à Cannes, tu vas voir comment tu vas être reçu !

A cette époque les enfants travaillaient, maintenant, même les parents travaillent plus...

La mine, c'est du mètre carré en profondeur, ça vaut rien, celui qui compte c'est le mètre carré en largeur, pour poser le buffet.

Si on n'a plus besoin de charbon, alors je me demande de quoi on a besoin ?!

Ils font un film et on se met à parler des mineurs, au fond, c'est mieux qu'un disque.

C'étaient des métiers d'hommes, avec la solidarité ouvrière, à l'époque si tu aurais gagné au Loto tu l'aurais partagé.
– ?
– T'as raison, tu aurais fermé ta gueule.

L'ouvrier c'était
une condition,
et voilà ce que
c'est devenu,
du condiment !

Zola, son charbon à lui
c'est l'encre, qu'il en avait
du noir plein les doigts,
si, c'est ça !

Avec tous les
accidents dans la
mine, c'était aussi
dangereux que
quand tu pars en
week-end
aujourd'hui.

Le roman est mort
depuis longtemps.
– Ah bon ? Alors
dis-moi pourquoi
les romanciers
sont encore vivants,
hein, dis-moi...

*Le mineur, c'est
quelqu'un qui va
travailler dedans
la terre, c'est pas
comme ces enculés
de milliardaires
de footballeurs
qui courent
dessus comme
des morbacs !*

Sur les librairies tu vois
pas marqué « librairie
littéraire », faut que ça
soit la télé qui écrive ça
sur ses émissions... Tu
trouves ça normal, toi,
« émission littéraire » ?
Moi je dis, teu teu teu teu
teu... « émission de télé »
c'est déjà bien expliqué
assez, moi je dis, teu teu
teu teu...

La mine, sur la
Lune, les gars on
les appellerait les
gueules blanches,
surtout à la pleine
lune...

Elle lit, même quand elle fait cuire les nouilles, elle se met devant la cuisinière avec un livre, et elle lit.
– C'est pas la peine de lire si c'est pour faire des nouilles!

Les doigts de pied, on sait pas ce qu'ils font quand on dort...

Les navigateurs solitaires sont reliés à un satellite, tu parles d'une solitude, je suis encore plus seul chez moi, et dans mon lit, je suis pas relié à un satellite!

Aïe!
– Nous, dans notre famille, je veux dire, on n'a jamais dit aïe, on a toujours serré les dents en silence...
– ?!!
– Aïe! Mais vous êtes fou, monsieur!

Leur grand stade, je vois pas pourquoi ils appellent ça le grand stade, un stade ça a telles dimensions, sinon tu cours pendant une heure et tu vois toujours pas les buts.

Les tremblements de terre, c'est toujours là où y a beaucoup de la population, c'est le plancher qui craque.

Michel-Ange, avec du beurre mou, y te fait un ange.

Toutes ces paraboles sur les toits, c'est bien pour que les pigeons y pondent.

Marchais a des trous aux chaussettes, il prend sa retraite, sa femme va lui recoudre, quel ennui...

Les vers à soie devraient faire directement les chemises, pendant qu'ils y sont.

Quand il est chez la mère Alice, qui c'est qui lui paye à boire ?

Les présentateurs sont payés pour dire les informations, c'est déjà là que tu sens que c'est pas honnête...

Chez un patron, t'y restes pas quatre heures.

T'annonces la guerre, tu prends des sous, non non...

Des ampoules qui marchent pendant dix ans ? C'est bien mais c'est la fin de l'escabeau.

Si Pierre Bellemare disait la messe le dimanche, je la regarderais, je vois pas pourquoi ils font faire de la télévision à des curés qui ne sont pas des professionnels...

Personne peut vivre deux ans sous cloche, même les meilleurs fromages y arrivent pas.

Ce qui a coûté du pognon dans *Germinal*, c'est le maquillage.

La mine, fallait voir la mine...
– ...
– Les mineurs, fallait voir ça, les mineurs...
– ...
– Le Nord, fallait voir ça, le Nord...
– ...
– Les terrils, fallait voir...
– ...
– La pluie...
– T'en parles comme si t'y étais né.
– Pourtant, j'y suis jamais allé ! C'est un don.
– ...
– Le grisou...

Les Américains font des films sur les dinosaures et ça marche, nous ont fait des films sur les mineurs et ça marche pas, tout ce qui a disparu n'est pas forcément bon pour le commerce.

Metallica c'est un peu mieux que ton Zola !

Zola, j'ai pas lu son livre, alors c'est pas pour aller voir son film.

C'est le fils Zola qui va toucher bonbon pour le film, tu vas voir !
– Alors qu'il a rien foutu.
– C'est comme le fils Taittinger, tiens...

Si le livre est gros, ça me dérange pas comme lecture, mais ce que j'aime pas lire, c'est quand les lignes sont trop longues, huit centimètres maxi, après je sais plus où j'en suis, des fois je relis la fin de celle du dessus...

J'ai le temps de vous raconter une petite histoire ?
– On a toute la journée.

Vingt mille morts en dix secondes, ça fait deux mille morts à la seconde...
– Et zéro en zéro seconde, comme partout.
– Hein ?

La rue Cyrano-de-Bergerac, c'est con, elle est toute courte, alors que y a des gens que ça ferait plaisir d'habiter rue Cyrano-de-Bergerac, alors que tu vois la rue Auguste-Blanqui, elle est toute longue, elle va jusque de l'autre côté de la porte jusqu'en banlieue, et c'est pas un rêve d'habiter rue Auguste-Blanqui, au 104 par exemple, pfu, 104 rue Auguste-Blanqui, alors que au 3 rue Cyrano-de-Bergerac c'est bien, et en plus ça peut pas être trop cher, dans une rue avec un joli nom comme ça, vous habitez où ? 3 rue Cyrano-de-Bergerac, je passerais la journée à dire où j'habite, c'est sûr.

Je sais pas qui c'est qui leur file les permis de construire, en Inde, mais dis donc !

40 000 morts !
– Combien ?
– 40 000 !
– Tant que ça ?

Quand t'es mort, le temps continue à passer, mais pas pour toi, ce qui dans un sens est un avantage, pourquoi je suis essoufflé comme ça, moi ?

*Tout le temps, à la pêche, je pense à autre chose.
– T'inquiète pas, le poisson fait pareil.*

Laveur de carreaux, c'est un petit métier, même avec des grands carreaux.

En Birmanie, pour donner un exemple, c'est la femme girafe qui porte la culotte...

Trois fois neuf, vingt-sept.
– C'est une vraie calculatrice, ce mec.

Personne a les mêmes idées politiques ; au fond, ce qu'il faudrait, c'est un pays par personne.

Le travailleur de force a droit à un litre de vin par jour, et le travailleur intellectuel, un litre de gin.

Dis pas que tu m'as vu !
– Non non, je t'ai pas vu.

Tu me fous dehors, j'appelle l'abbé Pierre !

Le jour de l'apparition du langage, l'homme préhistorique parle, imagine que c'est un con qui répond, les mecs s'engueulent, c'en est fini du langage pour un bout de temps !

On a deux Benny Hill en France, c'est Marcel Amont et Sim, on s'en rend pas compte, on est des vrais cons !

C'est la révolution à Moscou, mais eux, là-bas, la révolution ça leur fait plus rien, trois coups de fusil pour voler de la bouffe et c'est tout, c'est la sanglante nuit du saucisson...

Ça fait le combien de putsch en Russie qu'on voit ?
– Le combien de putsch ? Le quatre.

C'est un connard, les Russes !
– Moi aussi j'ai ma petite idée là-dessus.

La Russie est un pays instable.
– Pas plus que l'Inde.

Tous les ans l'hirondelle revient dans le même nid, et si le nid est plus là, elle se trouve un carton.

Les paysans de Colombie qui cultivent la drogue, ils la jettent pas à la décharge comme nous on jette les melons, ils la vendent, et eux ça va, on y viendra...
– Non ?!?!
– On y viendra.

La drogue, c'est la mort.
– Mais non, et c'est toujours pareil, si tu supportes pas t'en prends pas, faut être con pour en prendre si tu supportes pas, mais si ça te fait rien, que t'es pas malade, où y a le problo ?

Je sais pas je sais pas je sais pas je sais pas tu veux quoi me dire m'expliquer quoi tu veux dire quoi comme mais quoi quel con y dit quoi de quel intérêt en plus ceci dit non mais merde en plus l'autre arrive mais l'autre il arrive et tu sais ce qu'il dit, l'autre, ce connard, ce qu'il dit, à moi, qui sais ce que je sais, moi, tu le sais toi, ce que je sais, et lui, ce con, y dit, à moi, moi, tu m'écoutes, moi, c'est vraiment le con qui n'a pas conscience, en plus, en plus, lui, en plus, en plus, en plus... lui... cet homme que je disais, ceci dit quel mec, ah oui quel mec, un génie, tu peux jamais lui parler, un génie, lui, un génie, cette merde, tu le connais, en plus qui le connaît, qui, qui, hein, qui, qui, hein, personne le connaît, c'est une espèce de connard de mec qui arrive et qui dit bonjour à tout le monde, comme si, comme si, comme si, nous, exemple, nous, on connaîtrait personne, c'est ça l'histoire qu'on voudrait faire croire, mais moi je connais tout le monde dans le quartier, tout le monde, tu peux lui demander à lui, tout le monde en fait se connaît, qui peut dire que il connaît l'autre, si tant soit peu dit qu'il connaît l'autre, et ça, l'autre n'est pas aimé, l'autre c'est l'autre, alors, alors, alors, bien sûr comment tu veux faire deux différences entre deux êtres, un être et un autre être, l'être étant un gens, dans l'idée, et putain de merde au fond, les différences entre les gens, c'est pareil que les différences entres les êtres, non, moi, hein, quoi, qui, si si si si et si, je veux dire, je veux dire, ce que je veux dire, je veux dire, ce que je veux dire veut dire le motif, et rien de plus, le motif, le motif le motif motif le motif et rien de plus, le motif de l'apparition d'une chose, sinon, tu peux aller te faire enculer, sinon rien, comme le Ricard, sinon rien, sinon rien, sinon, sinon, en plus, franchement, quelle affaire ? Ils en font une affaire ? C'est la guerre partout, en plus... en ce moment... ah la la toutes ces guerres...

Retourne-toi.
- Pourquoi ?
- Retourne-toi je te dis.
- Pourquoi ?
- Mais retourne-toi !
- Pourquoi ?
- Mais n'aie pas peur, retourne-toi.
- ...
- Vas-y, retourne-toi.
- Pourquoi ?
- Tourne...
- ...
- Tourne je te dis.
- ...
- Tourne-toi.
- Pourquoi ?
- Tu verras bien.
- Quoi ?
- Mais tu verras ! Retourne-toi !
- Pourquoi ?
- Mais tourne-toi je te dis !
- Pourquoi ?
- Mais tourne-toi je te dis !
- Qu'est-ce que tu vas me faire ?
- Mais rien, retourne-toi.
- ...
- Tourne, vas-y.
- ...
- Voilà... dis-donc, t'es pas très poli de tourner le dos !
- Celle-là, je m'y attendais.

- Non non, attends, tourne-toi, ce coup c'est pour de vrai.
- Pourquoi ?
- Tourne.
- Non.
- Mais si, tourne-toi, t'as un truc.
- Quoi ?
- Un truc.
- Quel truc ?
- Un truc, c'est pas la peine d'essayer, t'arriveras pas à l'attraper.
- Où ?
- Tourne-toi.
- Non.
- Mais si, vas-y, tourne-toi.
- C'est du bidon.
- Je te dis que t'as un truc.
- Quel truc ?
- Un truc.
- C'est du bidon.
- Bon, si tu veux, moi je te le laisse.
- C'est ça, laisse-le.
- ...
- ...
- Non, sans déconner, tourne-toi.
- ...
- Ça va tout te dégueulasser.
- Tu m'as mis un truc ?
- Mais non, il y était.
- ...
- Tourne... allez, tourne-toi... dis donc, t'es pas très poli de tourner le dos !
- Pfu... et ça te fait rire ?! Un an d'âge mental !

Le béret n'est plus à la mode,
mais rien ne l'a remplacé.
– Ça c'est vrai.

Allez bataillon,
en avant, marche !
– At't'aleur !
– At't'aleur !
– At't'aleur !
– At't'aleur !
– At't'aleur !
– At't'aleur !
– At't'aleur !
– C'est vraiment les
sept nains, ceux-là.

Les morts,
il en faut pas trop,
sinon ça fait
« j'en rajoute ».

40 000 morts en Inde,
pour nous c'est
énorme, mais pour
eux c'est rien, c'est
pas la même culture,
des morts ils
en ont à tire-larigot.

Un train qui
déraille, mille morts,
un car c'est deux
cents morts, le trop
est l'ennemi du bien
si tu vas par là…

La mélancolie,
c'est un peu une
confiture de
sentiments.

*Sa grand-mère
est devenue folle,
ils l'ont mise à
l'hospice, elle se
barbouille de caca.
– Ah, la vie !*

Il nous faudrait
un autre Jean-Paul
Sartre pour avoir
de nouvelles idées,
mais sans l'œil
qui déconne.

Les singes ont pas d'empreintes digitales, pour faire un cambriolage moi je prendrais des singes qui sont dressés pour ça, pas besoin de mettre des gants.

Ils ouvrent les portes avec la carte bleue, tu la glisses dans le truc mais ça te baise la puce.

Les Esquimaux ont des histoires drôles, et il y est souvent question d'enculades de phoques, ça marche tout le temps, ça fait toujours rire.

Chardin, c'est le peintre en viande bien connu, mais aussi il sait peindre le poisson, aussi...

Un bout d'ozone pour raccommoder le trou, on n'a qu'à aller en piquer sur une autre planète, qu'est-ce qu'on s'en fout, y a personne dessus !

L'âme monte au ciel dès que t'es mort, si tu meurs sous un camion faut d'abord qu'elle traverse la citerne.

Je ferais la météo à la télé, je dirais pas intempéries, je dirais chiasse.

De toute façon, t'aimes pas le sport, toi...
– Si, mais le sport spectacle.

L'espace entre
les gens morts,
on n'y a pas droit
entre les gens
vivants.

Tout ce qu'on laisse
sur les autres planètes
qui sert pas, on est
trop cons, tiens...

Ah oui c'est
réglementaire ! Entre
deux tombes, minimum
trente centimètres,
écoute je le sais, c'est
mon boulot, et même
on met plutôt quarante.
– Quarante ? C'est pas
beaucoup.
– C'est plus que dans
une rame de métro.

*Un paysan qui
meurt, on le met
dans la terre, un
marin, on le met
à la mer, et un gars
comme moi qui
suis dans les
ventilateurs,
faudrait me lâcher
dans le vent.*

*Mais des orages comme ça c'est
pas pensable ! Mais vraiment !
On est en Inde ! Dès que ça
pleut on est inondés !
– Si c'est des nuages qui
viennent de là-bas, faut pas trop
s'étonner...
– Oui, leurs nuages, qu'ils se les
gardent, aussi, quoi, enfin bon !
Est-ce qu'on leur envoie... notre
neige, tenez ? On leur fait pas
des avalanches, à Bombay !
Enfin ceci dit pour dire, même
dans un pays comme la France,
on est mal munis.*

Il est tout le
temps constipé,
quand tu parles
avec lui, tu sais
qu'il a la crotte
coincée là.
– Je pourrais
pas lui parler,
moi...

Les Chinois ont fait péter une bombe atomique.
– Ils nous ont bien eus, les enfoirés, à toujours faire croire qu'ils ont que des vélos.

Si les Chinois font des essais nucléaires, alors moi aussi je vais en faire, y a pas de raison, tout le monde en fait !
– T'as même pas de jardin.

Les Russes c'est fini, maintenant c'est les Chinois.
– Face aux Américains ?
– Ben oui, face aux Américains t'avais les Russes, avant, maintenant t'auras les Chinois.
– Les Chinois seront jamais en face des Américains, c'est un peuple qui fait le tour.

L'atome, t'en as même dans les chaises.

L'atome militaire, non, mais l'atome civil, oui.
– Quand tu vois les conneries que les militaires font quand ils sortent en civil, tu dis non deux fois !

L'atome, ça tourne, c'est tout ce qu'on en sait au jour d'aujourd'hui.

Ah la la, les temps changent...
– Heureusement, parce que tout le temps le même temps...

C'est le rhum
qui lui a donné
son nez paysagé...

*Il vit comme une prune
dans l'alcool, à force de
picoler, c'est un gars qui
flotte dans son dedans,
et faut voir comme il est
con, le bocal est mal
fermé...*

Le plus intelligent c'est pas celui qu'on croit, et le plus con non plus, c'est quelqu'un d'autre.

Nous, le muscle, on le porte sur nous, y a des pays qui préféreraient l'avoir dans l'assiette.

Avec la science on sait prévoir les tremblements de terre, là, si ça a pas été prévu, c'est exprès, à cause de la surpopulation, les morts, c'est un mal utile en fait.
– 40 000.
– Remarque, sur la population de l'Inde, c'est pas énorme.
– On sait les prévoir, mais ce qu'il faudrait, finalement, c'est savoir les déclencher.
– Ils mettent pas de capotes, qu'est-ce que tu veux...
– C'est la sélection naturelle.
– Ah oui, alors! Un tremblement de terre, c'est difficile de faire plus naturel.
– Un raz de marée.
– Ah, la mer, déjà, ça fait moins naturel que la Terre, je sais pas pourquoi, mais c'est la Terre qui fait le plus naturel de tout.
– On vit sur Terre.
– Pas sur mer.
– C'est ça.

Toutes ces histoires de pognon dans le football, finalement c'est peut-être ça qui va donner aux jeunes l'envie de faire du sport.

Les écrivains écrivent le matin, l'après-midi ils se baladent.
– Où ?
– Où ils veulent.
– Ah...
– ...
– ...
– Les gens du théâtre, le matin, ils dorment.
– Les acteurs on n'en voit jamais par exemple...
– Ils dorment la journée et la nuit, ils sortent.
– ...
– ...
– A côté de ça, nous, on est réglés comme du papier à musique.

Le foot, faut que ça soit en direct, sinon qu'est-ce qui prouve que c'est pas triché, que c'est pas filmé en plusieurs prises comme au cinéma ?
– Oh la la, moi je me pose pas ces questions-là ! Je regarde et ça me plaît et c'est tout !

Lui donner l'espoir, finalement, c'est pas un bon service à rendre à la jeunesse.

Balladur, pour moi, c'est rien qu'un genre de bouseux.

Comment veux-tu aérer une prison ?

Ils vont aux champignons en VTT, maintenant !

Ça.
– Ça ?
– Ça.
– Ça, là?
– Oui, ça.
– Ce truc ?
– Oui, ça.
– Ça ?
– Oui, tu sais ce que c'est ?
– Ça ?
– Ça.
– Ça ?
– Oui, tu sais ce que c'est ?
– Non.
– Un haricot sauteur du Mexique.
– Ça ?
– Ça, un haricot sauteur du Mexique, c'était donné dans *Pif le Chien*, j'ai retrouvé y a pas longtemps en fouillant.
– Ça saute, ça ?
– Tu le chauffes dans tes mains et il saute.
– Vas-y voir.
– Pas celui-là, celui-là de haricot, il est mort.

Pauvre France...

Bellemare, il est toujours jeune, cet homme.
– Trop.
– Trop ?
– Trop jeune, et ça, c'est des piqûres avec du jus d'embryon qui font ça.
– Vous croyez ?
– C'est pas possible autrement...
– Ah... la femme du télé-achat avec lui, alors elle elle est vieille par contre.
– Moi je trouve qu'elle a raison de pas vouloir de piqûres, après tout la vieillesse faut pas avoir honte.
– On passera tous par là.
– Tous.
– Remarquez, elle, on s'en fout, c'est lui qui est célèbre.
– Elle peut vieillir autant qu'elle veut !

Les méduses sont
transparentes, ce qui fait
qu'elles ne cachent pas
la visibilité aux poissons
qui les dépassent.

Sur la Lune
t'as rien à foutre,
si c'est pour
passer sa journée
à bouquiner...

*Le droit à la différence
pour les homosexuels,
oui, je suis d'accord,
mais qu'ils arrêtent de
se tortiller d'abord !*

*Le vert n'est pas
une couleur, c'est
un autre machin
que ça, on en met
dans le chewing-
gum, c'est un goût.*

Benetton, je lui coupe
les couilles et je fais des
affiches, on va voir un
peu si ça vend des pulls,
ses balloches sur un
mur...

Je veux un kir, moi...
de toute façon, retard
pour retard... comme
la journée est
foutue... à la cerise.

*Qui va en acheter,
de l'action BNP, ça...
– Pas moi, en tout cas,
j'aime pas le chocolat.
– ?
– Du LU, oui, du BN,
non.*

La li la la li... li la la la li li li...
et ensuite, ce sont les violons
qui entrent...

Si tu crois que les sportifs
boivent du sirop Sport...
– J'en bois pas pour ça !

Un des avantages
de quand tu es mort,
c'est que comme ça
c'est fait.

*La Somalie, dès que
tu leur as donné à
manger, ça va mieux,
ils recommencent la
guerre.
– On se demande ce
qu'ils leur mettent
dans la bouffe.*

La roue était...
– Crevée.
– Oui, à un kilomètre...
– Du garage.
– Oui.
– Il était fermé.
– Oui.
– Il est tout le temps
fermé, ce garage.
– T'es comme les
Américains à
Mogadiscio, toi, faut
pas te parler des
malheurs des autres.

Tu peux pas truquer
le Loto, les boules
ont rien à gagner à
tricher.

Des poumons,
t'en mets dix au
bout du mât et
quand ça expire
ça te fait avancer
le bateau.
– Les mouettes
elles iront te les
bouffer.
– Ouais... possible.

Tu dis rien ?
– J'ai déjà discuté
à la boulangerie.

*C'est un journaliste
qui a les joues grasses,
et ça c'est pas bien,
ça s'appelle un hamster
de l'information.*

Chercher du boulot ? Mais je fais que ça ! Et encore faudrait-il qu'y en ait aussi ! Si je vous envoie aux champignons quand y a la neige, vous allez pas chercher non plus vingt heures ! Alors dites pas que je cherche pas ! Dites pas ! Hein ! Dites pas ! Et vous, vous en cherchez, du boulot ? Vous en avez ? Alors qu'est-ce que vous foutez là ?!

Eltsine, c'est la vodka qui le tient, au Banga les communistes auraient gagné.

Plus d'un coup de téléphone par jour, je sais pas quoi répondre.

La nausée ? Jean-Paul Sartre ? Ça donne pas tellement envie de lire.

Les plus grandes découvertes scientifiques tiennent sur un ticket de métro, si ça dépasse du ticket, c'est que c'est une moins grande découverte.

Le rideau de fer, fini, à la place tu sais quoi ? Le merdier en fer.

Un carrelage avec dessus les noms des présidents de la République, t'en fais pas tout un mur, mais une frise dans la cuisine, c'est bien, de toute façon en carrelage, ce qu'il faut c'est innover...

*... Ça nous repend
au nez le big-bang,
pas tout de suite mais
ça nous repend au nez,
on sera plus là pour le
voir mais vous verrez...*

J'aurais trois
pieds, j'en laverais
que deux.

Quand ?
– Le 7.
– Ça serait le 8,
ça serait pareil.
– Ça t'intéresse ou ça
t'intéresse pas ?!
– Si si !
– Alors viens le 7.
– A une journée près,
c'est plus intéressant
mon intérêt ?
– Mais c'est pas ! Sauf
que le car t'attendra
pas, faut se mettre à
la place du car,
aussi...

*... la iande, c'est pas mon patron
qui l'achète la iande, c'est moi qui
va l'acheter la iande, et c'est pas en
sortant à huit heures du travail que
je vais acheter ma iande, c'est fermé
à c'te heure, on mange des gumes,
d'accord c'est bon les gumes pour
l'eurganisme mais pas tous les jours,
faut varier, moi je pars du boulot
à six heures, m'en fous, c'est le seul
moyen que j'achète la iande, j'ai pas
raison, qu'est-ce que vous en pensez,
si les gamins y font de la carence en
iande, c'est pas le patron qui va leur
faire des piqûes, c'est l'infirmière, et
vous savez ça coûte une infirmière
qui vient à la maison, j'aime autant
acheter de la iande, pas vrai ?*

La télé peut
pas vivre sans
audimat,
tenez, c'est un
peu comme
l'autre conne
avec sa
« iande ».

201

Dès que ça pleut
ça inonde, ça rentre pas,
la terre est bouchée.

... *déjà, Zola, il avait tout pompé sur les mineurs, alors le reste, c'est que du super-pompage, c'est comme E.T. avec les Américains, les extra-terrestres sont pas plus importants que les mineurs.*

C'est bien de faire
un film avec les
mineurs, ça fait
qu'on s'en rappelle.
– Oui, mais si on
oublie le film, on
oublie les mineurs.
– Tu t'en fous ! T'es
mineur toi ?! T'es
RIEN.

Maintenant, y a
plus que les mineurs
qui existent, alors
qu'on n'en a plus
besoin du tout.

J'aime pas les
alcooliques.
– Ça tombe bien,
y en a pas ici.

Tout le fric que
les Américains
vont se faire avec
les dinosaures
alors que les
éleveurs français
vendent même
pas leur lait !

Le tiers monde plus le quart monde ça fait presque la moitié du monde qui est pauvre, et l'autre moitié riche, les chiffres qu'on nous a dits sont pas les bons chiffres, alors forcément...

Tu as une masse d'air qui arrive du pôle, elle rencontre de l'air tropical, pendant tout ce temps les pompiers ont le temps de te faire évacuer le parking, tout de même, non ?

Ça serait bien, si on pouvait retrouver notre café préféré en vidéo.

Ça viendra.

En tendant des cordes vocales sur un violon et en passant l'archet dessus, ça devrait dire des mots.

La patte de lapin ça porte bonheur, mais pas au lapin.

Ça va ? Dis donc, tu es bien habillé.
– Commence pas ton offensive de charme pour te faire payer un coup.
– Non non c'est vrai, la veste elle est belle.
– Bon... qu'est-ce que tu bois ?

Un nain c'est pas normal, mais il est pas anormal, le mongolien est anormal, le pas normal anormal, ça serait un mongolien nain, mais pour ainsi dire on n'en trouve pas.

T'as des microbes qui vivent encore comme au Moyen Âge...

Il faut donner l'asile politique à ceux qui faisaient de la politique dans leur pays à condition qu'ils ne fassent pas de politique dans notre pays si on les accepte, comme moi, tiens, j'en fais ici mais à la maison, jamais de politique en famille devant les gosses.
– On s'engueule à chaque fois.
– Quand je rentre chez moi, c'est comme si je suis un réfugié politique.
– On s'engueule à chaque fois.
– Au café, pas chez soi.
– On s'engueule à chaque fois.
– Le café c'est un pays, chez moi c'est un autre pays.
– On s'engueule à chaque fois.
– Toi, tu t'es fait engueuler dans ton pays, ou je me trompe ?

Il sait tout sur tout.
– Les dates ?
– Non, ça, les dates, y sait pas.

Si Dieu existe pas, comment t'expliques Jésus ?
– Euh...

Papandréou ?
Le fromage ?

C'était bien la peine de nous embêter avec la bombe à neutrons, on s'en est jamais servi.

Un brochet de 18 kilos à la cuillère américaine !
– Beu beu beu...
– 18 kilos !
– Beu beu beu...

Faut payer pour voir un film au cinéma, c'est un peu comme si on te fait payer la location de tes yeux, c'est eux qui devraient payer, après tout, c'est tes yeux qui bossent...

Quand je rentre chez moi
je veux pas qu'on m'emmerde
avec ce que j'ai fait dans la
journée, table rase, comme
à la Légion.

Dans la police
on ne boit pas
plus qu'ailleurs.

Hutch a été
accusé de meurtre.
– Non ?!
– Et Starsky, il a
donné sa démission.
– Ah, tout de même !

J'aime pas les
piano-bars, à cause
du piano, mais si
tu l'enlèves j'y vais,
bien sûr, je suis pas
obtus, non plus...

C'est des peuplades...
comment t'expliquer...?
– ... je sais pas...
– Elles peuplent rien.
– Elles disparaissent ?
– Sans doute.

La difficulté
c'est de garder
les skis droits.
– Et encore, si
on te les a pas
volés !
– ?

A la télé, ils ont
tous des cancers.

*La lumière des étoiles
arrive sur Terre des
années après être partie,
ça fera pareil avec les
réformes de Balladur,
si j'ai bien compris...*

La logique ! Et t'y
connais quoi, toi,
en logique ?!
– J'en connais plein.

Oh ! Les pingouins !
Va falloir voir à vous
calmer, là !

C'est qui,
les pingouins ?
– C'est eux.

Boli...
– Oui.
– C'est un Noir.
– Jordan...
– Oui...
– C'est un Noir...
– Il est mort ?
– Non c'est pas ça mais il a arrêté le basket.
– Et après, il est quand même noir aussi.
– Alors ça on s'en branle.
– Tout ça pour dire ?
– Oui, pour dire que les Noirs, la course vite c'est leur fort.
– Et tu me fais chier pour ça ?
– Oh dis donc, si tu veux Einstein pour discuter, t'as qu'à y téléphoner !
– Te vexe pas.
– Putain, le mec qui me vexe, il est pas mort !
– Né.
– Hé ! C'est pas parce que t'es facteur que tu vas me faire chier toi aussi !

Il a vu son fils, il
avait déjà sept ans.
– Six.

L'autre monde,
c'est t'ouvres ta
fenêtre le matin,
ces enculés y
z'ont construit.
– T'as qu'à rentrer
plus souvent, t'en
auras moins, des
autres mondes.

La Coupe d'Europe, quand tu vois où en est l'Europe, c'est pas non plus la panacée, non plus...

Si on fait pas
attention, l'Europe
mangera la France.
– Moi j'ai des cailloux
dans le jardin.

... Si vous avez un projet solide, vous trouverez informations et appuis auprès de l'Agence nationale pour la création et le développement des nouvelles entreprises ou de l'un des 600 Points-Chance...
– Alors ?
– C'est un répondeur.

Non, la culture n'est pas un produit !
– A dix milliards le Van Gogh, ben putain...

Pourquoi vous mettez les sirènes quand vous arrivez sur un gangster ?
– C'est pas nous, c'est celui qui conduit.

Survête,
    caniche,
        hop, bistrot.

Il suffit que dans ton potager le poireau fasse de l'ombre à la fraise, et t'as perdu la moitié de tes gains.

Elles pondent toute la nuit et le matin elles se tirent et souvent elles retrouvent pas la mer, elles vont de l'autre côté dans l'île et elles se perdent...
– Moi en sortant de la maternité c'est pareil, je me suis gouré de sens.

Le Tapie, il est né sous une bonne étoile, c'est sûr, mais c'est une étoile mal habitée, c'est sûr.

J'ai vu un ovni mais personne me croira.

Les circuits auto ça fait tout le temps le tour, et pourquoi qu'on leur mettrait pas une charrue au cul, à toutes ces voitures, au moins ça servirait à quelque chose, hein ?

Six chevaux dans une prairie en même temps, ça devient rare.
– Ah bon ?
– ...
– Oui, peut-être, remarque, finalement...

La boxe, c'est ni plus ni moins qu'un combat de coqs, sauf qu'on leur met des gants sur les ergots.

Je voudrais bien écrire un livre mais je sais pas taper à la machine.
– T'as qu'à demander à quelqu'un que tu lui dictes et lui il tape.
– Oui, c'est ça, pour qu'y se foute de ma gueule en plus...

Nous, dans notre commando militaire, on n'a jamais fait une seule fois de la balade, de la marche, que de la marche.

Je sais pas comment ils font pour metttre de la musique quand Cousteau il est sous l'eau.

La prostitution,
tu vas avec une pute,
tu payes, mais
tu devrais avoir
le droit de la manger
après...

*Moi les cons je les
reconnais, ça me rétracte
la pupille.*
– La pupille des yeux ?

– ?
– ...
– ?
– ...
– ?
– Vous avez jamais vu
un grand brûlé ?!
– Heu... excusez-moi...
mais c'est parce que
vous fumez...

T'as qu'une
citrouille.

On fait de l'alcool
avec tout.
– On fait de la merde
avec tout.
– Non, avec l'alcool,
on fait du pipi.

Il allume ses
cigarettes avec
son Tac-o-Tac,
pour faire son
Gainsbourg, je
vous jure, j'arrive
pas à regarder.

Tu colles des
chamois sur la tour
Montparnasse, ça
vaut bien le mont
Blanc.

*Avec les inondations,
ça en fait des
penderies et des bols
qui partent à la mer !*

Il a une grande
baie vitrée,
quand la nuit
vient, on dirait
le carreau qui
s'éteint.
– Moi j'aime pas
les baies, ça fait
froid.

Y dit pipi,
à son âge.

Le directeur de la télé, l'avantage par rapport à un autre directeur, c'est que quand il rentre chez lui, il peut savoir si ses employés continuent à travailler quand il est pas là, suffit qu'il allume la télé, tous les employés sont dedans, ça bosse, imagine, il allume le poste et y a plus personne, tout le monde s'est tiré, comme chez Danone, le patron est pas là, on dort dans les pots...

Le directeur de la télé, il a toute son usine chez lui, sur le buffet.

Si t'as pas la télé, les gens qui viennent chez toi disent, tiens, vous avez pas la télé ? La télé on peut pas s'en passer.

Vaut mieux encore l'avoir et pas la regarder que pas l'avoir et recevoir des gens.

La réalité ! La réalité ! La réalité ! Y mettent plus que ça dans la télé ! Bientôt, dehors, y en aura plus.

C'est bidon leurs reality shows, ils te disent que c'est des choses qui se passent chez tes voisins alors que le titre est même pas français !
– A la place, ils feraient mieux de mettre des émissions sur les animaux, moi je trouve...

Deux demis et il est bourré, il est bon pour passer à « Mystères » !

Dorothée, elle ne vaut même pas la valeur d'un poil de cul de la reine Piaf !
– On peut pas comparer...

On en aura toujours assez, du réel, va...

J'aime bien cette radio, ils passent des airs d'accordéon, après tu les as dans la tête, mais des fois ils passent deux fois le même, ça me trotte en double dans la tête et ça donne le vertige...

Tu te dis, c'est incroyable tout ce qui se passe à l'étranger quand t'es pas là-bas, t'as qu'à voir les journaux ou la télé ce qu'y disent, tu y vas, et quand t'es là-bas tu te dis, c'est incroyable tout ce qui se passe pas quand tu y es, c'est vrai t'es là, tu regardes, y a rien, tu sors de la gare y a des bus pour aller dans le centre-ville, c'est tout ce qui se passe à l'étranger, alors je pars plus, les vacances, c'est à la maison, et je dis bien à la maison, pas chez les voisins, les voisins idem, quand t'es chez toi tu te dis, tiens, ça doit être bien chez les voisins, peut-être qu'y se passe quelque chose, y jouent aux cartes pour donner l'exemple qui me vient là, mais si je cherche je peux en trouver d'autres, t'y vas, et chez les voisins y a rien, alors autant rester chez soi, pas vrai, à regarder la télé, ceci dit la télé c'est pareil, avant qu'elle est allumée on dit, tiens y a peut-être des trucs bien qui passent et si ça se trouve je suis en train de les rater, alors t'allumes et au final y a rien c'est de la merde ou une émission qui parle de l'étranger et qui te fait croire qu'y se passe plein de choses là-bas alors que y a rien, et même maintenant c'est la nouveauté du siècle, on te fait des émissions sur les voisins, tu regardes, tu crois qu'y se passe plein de choses chez les autres, et tout compte fait y se passe pas plus chez les autres que chez toi, tu joues pas aux cartes, je pourrais dire un autre exemple, en cherchant un peu, et les voisins non plus jouent pas aux cartes, t'es pareil, à la limite c'est toi le voisin et à la limite encore plus t'as l'impression d'être à l'étranger, moi, chez moi, je suis un voisin à l'étranger, alors franchement, je vois pas pourquoi je partirais, pas vrai ?

Ne jamais boire enceinte, le reste du temps, elle fait ce qu'elle veut, et je respecte...

J'en prends une pour taper sur l'autre et je les mets au lit toutes les deux en arrivant !

Des intelligences supérieures sur d'autres planètes, j'y crois pas, mais des connards, peut-être...

Et vlan ! Passe-moi l'éponge !
– T'es plus en 1900.

Doucement... doucement... vous avez le temps...

Y a plus d'élevage, alors qu'est-ce que tu veux, les aigles ont plus les carcasses des animaux morts pour se nourrir, alors ils font comme nous, ils ouvrent des boîtes.

Un flic noir qui met une contredanse à un taxi noir, c'est ni plus ni moins un cannibale !

Les villes qui restent allumées le jour, ce sont des villes qui gaspillent...

J'espère que les voitures piégées, c'est pas des voitures neuves.

Je connais aucun mort qui croit en Dieu, alors que franchement, ça serait le moment...

Qu'est-ce que c'est laid,
une femme qui boit !

Putain, alors là si j'ai
pas raison, je veux
bien qu'on me tue !
– T'as tort.

Agoniser cinq
minutes ou rien,
c'est pareil.
– Minimum dix
minutes.
– Agoniser,
normalement,
c'est la journée.

Des fois il est saoul, d'un
coup y s'énerve, on se
demande quelle mouche
le pique.
– La mouche à vinaigre.

Non non faut que
j'y aille, bon tant pis,
laissez...

Philippe
Starck, je lui
ferais pas
dessiner le bec
des canards,
à celui-là.

Le chauffeur du train ne sait pas pourquoi
les gens s'en vont, il les conduit, moi je serais
chauffeur je demanderais, juste comme ça,
pour savoir, celui qui veut pas répondre
répond pas, celui qui veut répondre répond,
ça sera pas une obligation dans mon train, je
dis dans mon train, c'est de l'imagination, au
fond ce qui est important dans un train c'est
que le chauffeur sache où il va, et vous
remarquerez, aucun passager lui demande,
c'est une preuve de confiance, ou alors c'est
de la folie, quand je prends le train je
demande, je suis même connu pour ça.

Balladur, je l'étripe,
et dedans je range mon
pyjama.

Balladur, il a l'air bête,
et c'est tout à son
honneur, je trouve.

Balladur, on n'a
jamais eu mieux
depuis *Belle et
Sébastien*.

Le jour où on
le verra de dos,
le Balladur,
avec ses grosses
fesses, on dira
on est fous.

Faites des
sacrifices qu'y
dit le Balladur,
faites des
sacrifices,
c'est plus de
l'économie,
c'est du vaudou.

Il a plus les
verres à ses
lunettes, il
les a perdus.
– Où ?
– Au bistrot !
Quelle
question...

*Je m'en fous d'être pauvre,
mais c'est vivre avec les
pauvres qui est dur.*
*– Je comprends, chez nous
c'est pareil.*
– Mais je parle pas de ça !
– ?

Tu pars ?
– Non, j'arrive.
– c'est parce que
tu mets ton imper.
– Je le mets pas,
je l'enlève.
– ...
– C'est Pierrot qui
a mis son imper et
qui est parti.
– Ah... peut-être...

Un acteur par film, comme ça si le film marche pas, t'as rien dépensé.

L'exception culturelle, qu'ils disent qu'ils veulent.
– Si c'est ça qu'ils veulent, c'est rien à leur donner.
– ...
– Si c'est ça qu'ils veulent.
– Ben oui c'est ça qu'ils veulent.
– Eh alors! Voilà ils l'ont, je la donne ils l'ont.
– Avec toi, ça serait facile, la vie.
– Si c'est l'exception culturelle qu'ils veulent, je vois pas pourquoi ils l'ont pas, et même ils peuvent se la fourrer dans l'oignon, les Adjani et les autres milliardaires, elle a l'air exceptionnellement con celle-là, surtout.
– Mitterrand, il l'a reçue à l'Elysée.
– Mais oui, mais l'Elysée c'est le capharnaüm aussi, qu'est-ce que vous voulez... c'est comme ça...

La culture, c'est quoi finalement?
– ...
– Et pourtant, t'es pas le plus con.

J'aime pas la culture américaine, j'aime que la culture française et encore pas toute.

L'Amérique, de toute façon, avant, c'était français... alors...

Peuvent se rhabiller, les Amerloques, tiens!

Si y a un endroit où y a pas de centre-ville, c'est bien en Amérique.

Le consensus sur l'emploi, c'est pareil.
– Mais oui c'est pareil.

Hélène ? C'est pas le ménage qui l'étouffe, cette gamine !

Y a plus rien pour les jeunes, regardez, même ici le flipper est cassé.

Tu bouffes trop de fondue, t'as la boule mortelle.

Faut pas prendre l'usager en otage comme les nazis pendant la guerre !

C'est le bordel aujourd'hui.
– C'est toujours le bordel.

Kouchner, pour moi il est pareil qu'Antoine, toujours parti, et quand il revient des voyages il vend ses photos.

Ils cassent tout ! Et le gardien tout seul, qu'est-ce que vous voulez qu'il fasse contre toutes ces bandes ? On va quand même pas mettre des Aliens autour des boîtes aux lettres !

Des fois, c'est à se la prendre et à se la mordre.

L'immigration, c'est pareil que la dérive des continents, sauf que les continents y portent des sacs et y marchent à pied.

Les soldes, j'y vais pas maintenant, j'attends que ça baisse.
– J'irai avec vous.
– Ah non ! Les soldes, c'est personnel.

Il faut que je sois impératif parti à six heures, compris ?

A la limite, je préfère qu'on soit envahis par un film de dinosaures que par un film de vers géants.
– Ils font une étude du besoin des gens avant, et apparemment les gens ont répondu comme vous.

C'est un film qui a coûté des milliards !
– De ?
– Dollars !
– Ah oui, pas des milliards de francs.
– Les milliards de francs, c'est pour les films français.

Avant Socrate, on avait des penseurs, et après lui, on a eu des réfléchisseurs, si c'est mieux ou pas, là, c'est pas moi qui vous le dirai, on n'est pas là pour juger, hein ?

Pas étonnant que la forêt brûle, tout est en bois !

Aujourd'hui, elle dit qu'elle veut être incinérée alors que seulement hier, elle disait qu'elle ne veut pas mourir.
– Ça approche.

Fellini est dans le coma, et son cerveau est abîmé.
– Ça y est, il est con comme tout le monde ?

Un automne pareil... pfu... exactement le même automne que l'année dernière... pfu...
– Jamais content, celui-là.
– Le même ! Je vous dis, le même !
– Avec vous les têtards font des têtards, y a jamais les grenouilles !
– Le même automne je vous dis, et l'année prochaine pareil, vous verrez si ça fera une grenouille...
– Vous me fatiguez.
– Oui... ça change pas non plus, ça non plus...

Il n'y a pas de frontière pour la pensée.
– Si.
– On ne peut pas l'arrêter.
– Si
– ...

Une naissance, une mort, une naissance, une mort, c'est un équilibre dans la nature, et pour deux morts, des jumeaux.

Avant, quand je perdais mon porte-monnaie dans le quartier, on me le ramenait, mais maintenant...
– Maintenant y a plus de quartier, Mémène, y a plus de quartier.
– C'est vrai, avant, quand je rentrais dans mon immeuble, il était là... maintenant...
– Y a plus d'immeuble, Mémène, y a plus d'immeuble.
– Avant...
– Avant t'étais moins bavarde.

C'est facile, j'interdirais les vélos quand y a des embouteillages, ils ont qu'à pédaler le dimanche, ces cons-là, comme si c'était pas assez le bordel comme ça, ah la la...

De toute façon, les avions, ça va jamais beaucoup plus loin que sur Terre.

Les avions ne décollent plus.
– De toute façon, j'avais jamais trouvé ça normal, des avions qui décollent.

Quand tu vois le bordel à Air France, t'as plus qu'à dévisser les ailes des avions pour faire des nœuds papillons !

Avec des avions à décollage vertical on s'en foutrait, du bordel sur les pistes...

Butiner des fleurs, admettons, mais ça vaut pas la soupe à l'oignon, t'es pas de mon avis ?

Mais on a l'air de quoi, à l'étranger, avec nos avions qui volent pas ?
– Ça dépend où, parce que y a des pays étrangers qui seraient déjà bien contents d'en avoir, des avions qui volent pas.

Et pourquoi les avions décollent pas ?
– A cause des bagarres avec les CRS.
– Et alors ? Y passent au-dessus !
– T'es fou ! Et les gaz ?!
– Les lacrymogènes ? C'est rien, ça.
– Si, ça fait de la fumée.
– Et alors ?! Tes avions, c'est pas des abeilles !

Le Arafat ! Reçu comme un chef d'État ! A Paris !
– Où ?
– A Paris ! T'es reçu comme un chef d'État, toi, quand tu viens à Paris ?!
– A Paris non, mais à Lille, j'ai des potes.

Ara qui ?
– Fat.
– Fat ?
– Pas Fat, Arafat.
– Pafatarafat.
– Qui ?
– Pafatarafatqui.
– De qui tu parles ?
– Et toi ?

C'est un appareil pour chercher des pièces dans le sable.
– Et si y a pas de pièces ?
– ?
– Si y a pas de pièces ?
– Heu... y a toujours des pièces dans le sable !

La plage, c'est tout de même pas quand même le porte-monnaie de la mer, tout de même pas...

Une pièce par terre, à dix mètres, je la vois, et ça fait dix mètres pour décider dans quel café je vais aller la dépenser.

Je bois mon verre, tu bois le tien...
– C'est le partage du rien faire...

A ce prix-là, j'ai pris deux kilos de poireaux, et qui n'en aurait pas pris deux kilos, à ce prix-là ?

Je veux pas qu'il y aille, à la fête
de l'escalade, je veux pas qu'il y aille !
Et si qu'y tombe ? Que à son âge
faut tout le tintouin des médicaments
pour que ça ressoude !

Les chanteurs d'opéra
ont un ours qui habite
dedans.

Il faut pas faire
exploser la Terre,
parce que où qu'on
va chier, nous ?

Pour rénover, isoler,
aménager les combles,
acheter une véranda,
une machine à bois,
choisir un escalier,
vous me demandez...
– Vous vous y
connaissez ?
– Non, mais je me
renseignerai si vous
voulez.
– ?

*On pollue, on
pollue, si ça se
trouve y a des
planètes encore plus
dégueulasses que la
nôtre ; à côté, nous,
c'est le Jardin du
Luxembourg, alors
faut pas dire qu'on
est les plus grands
dégueulasses de
l'univers avant de
savoir si y a pas une
vie sur une autre
planète sale, c'est
de l'honnêteté
intellectuelle.*

C'est une pute, une pute,
belle comme une
peinture ! Elle enlève ses
fringues, c'est comme si
on enlève le cadre, elle
tient plus contre le mur,
alors on la couche, c'est
une pute... oui, je sais,
c'est dangereux d'être
amoureux d'une pute.

221

Au dispensaire, ils m'ont dit de plus aller au café.
– Mais au dispensaire c'est des charlatans !

Si dans les lettres on mettait des petites télés, peut-être que les gens liraient plus ?

Si tu tues un sanglier avec ta voiture, t'as pas le droit de le charger dans ton coffre pour le bouffer.
– Je sais, les vieux c'est pareil.

Il a un drôle de petit goût.
– Non non, c'est son goût normal.
– Tiens donc ?
– J'en bois tous les jours depuis vingt ans, je connais le goût tout de même.
– Ah mais je ne conteste pas.
– Vous faites bien, parce que moi, y a une chose sur quoi j'aime pas qu'on m'attaque, c'est le goût.
– Ah mais ne croyez pas ça...

– En plus on ne déguste pas un sancerre quand on s'est mis un suppositoire, monsieur, ça sent d'ici.

A l'étranger, on ne sait pas quoi manger, sinon c'est bien.

... même chez les sans-abri, déjà, et d'une, que chacun balaye devant sa porte !

Les jeunes veulent vivre plus vieux, et par contre les vieux veulent toujours qu'on les laisse mourir.
– Mais les jeunes changeront d'avis, vous verrez.

Vivre mieux et en bonne santé, pourquoi pas plein de pognon pendant qu'ils y sont ?

Pas plus, mais pas moins.

Catherine Deneuve ? Cinquante ans, depuis pas longtemps.
– C'est l'âge où on plante des glaïeuls.
– Pas cette femme-là.
– Toutes les femmes.

Tout ce que je comprends dans la musique classique, c'est que ça fait changer d'habits.

Tu fatigues, t'as été bourré tous les jours !
– Moi ?!
– Tu veux que je te fasse le zapping de la semaine ?

Les mouches, d'accord, mais pas sur la viande tout de même.

Je suis jamais parti ! Et j'ai bien raison ! Quand on voit le bordel que c'est pour partir !

Zut et merde !
– Quand on dit merde, on dit pas zut avant.

La moustache, c'est beau, mais avec des lunettes.

Putain, quand tu vois la taille d'un œuf de dinosaure, tu te dis valait mieux faire son service militaire que pondre un œuf à c't'époque !

Si les pédés ont la moustache, alors on sait plus quoi se mettre, nous, comme attribut masculin.
– ? ... tu serais pas pédé, toi ?

Tu peux faire tout ce que tu veux avec la drogue, mais tu pourras jamais faire chabrot.

Rigole, rigole, rigolera qui rira le dernier qui rigole.
– !
– C'est ça, rigole, rigolera celui qui rigole le dernier qui rira.
– !
– Gros tas de merde !

Dans *Alien*, la bête sort par ici.
– Arrête, tu me dégoûtes.

Tu peux vérifier les photos, aucun homme politique louche nulle part, en Chine, au Tibet, jamais, on choisit toujours le même type de bonhomme, et pourtant les peuples se téléphonent pas.

Avec l'avion, au moins, on s'arrête pas à toutes les gares.

Moi et sa mère, on le bat jamais, résultat...
– Résultat ?
– Il nous aime bien.
– Ah... vous en avez, de la chance... nous on le bat et il nous aime pas.

Les plantes prédisent l'avenir, genre je perds mes feuilles ça va être l'hiver, les gars.

Je voudrais que tout le monde soit heureux !
– C'est le Hitler du bonheur.

On aurait des copains poissons, peut-être que ça nous changerait la vie...

Chez nous le sel est tout mouillé, tellement la maison est humide.
– Va falloir soit changer les immeubles, soit changer les salières.

rrrrrrrrrrrrrrr
– ?
– zzzzzzzzzzzzzzz
– ?!
– rrrrrrrrrrrrrrr
– !
– zzzzzzzzzzzzzzz
– !!
– rrrrrrrrrrrrrrr...
zzzzzzzzzzzzzzz
– Mais y dort, ce con !

Il a tout le temps le regard dans le vide, mais ça le dérange pas si on lui parle, c'est pas du vide profond.

Une sardine au milieu du désert, elle meurt tout de suite, mais pour elle, quel souvenir !

Tu verrais comment ils servent le vin dans ce resto, avec une main dans le dos, comme les toréadors.

Rien que si tu enlèves les balcons dans Paris, avec tu peux reconstruire des immeubles, et les balcons, qui c'est qui va dessus dans Paris ?

Coluche, sa tombe, l'hiver je vais m'asseoir dessus, elle est chaude.
– Menteur ! Tu sais même pas où elle est !
– Si ! Elle est là !
(Il se met le doigt sur le front.)

Quand tu picoles t'es tout rouge.
– Et alors ?! C'est pas une tare ! Y me le dit à moi parce qu'y sait même pas de quel côté le soleil se lève ! Petit con !

Les Japonais, ils arrêtent pas de se saluer mais par-derrière faut voir comme ça débine.

Il est tombé dans la citerne et heureusement que les pompiers étaient sur le toit pour les guêpes, sinon...
– Quand je vois des pompiers sur un toit, moi, ça me rassure.

Je n'aime pas les jeux de mots et pour preuve je n'en fais jamais.

Dans mon café, en général, c'est ceux en survêtement qui picolent le plus, et c'est pas par là du mal du sport que je veux dire.

Quand tu penses à tout ce qui se passe sur la planète et tout le bordel qui bouge et qui bouge, ramasser une miette par terre ça devient un exploit.

Ça va être la semaine de quatre jours.
– Ah bon ? Et combien elle fait de jours, la semaine, d'habitude ?

Tout ce qu'un boucher de cheval pense, c'est du crottin.
– Holà ! Qui t'a monté le bourrichon ?

Tu peux me téléphoner à n'importe quelle heure du jour et de la nuit, mais pas la nuit, et le jour je suis tout le temps là, alors si t'as quelque chose à me dire, je t'écoute.

A Rome, pour comprendre la ville, il faut boire du vin, sinon t'es largué, conseil aux voyageurs.

Au Vatican, ils éteignent les lumières à dix heures.

Y en a qui boivent du vin que le soir, tu savais ?

La confiture de merde, ça sera jamais assez sucré, comme quoi le sucre, c'est pas lui qui est en cause dans la cuisine, c'est pas la quantité, mais c'est plutôt la qualité de la cuisine qui est en jeu si tu vois ?
– Je vois que tu parles vachement bien cuisine, surtout...
– La confiture de merde, c'est vrai, ça sera...
– Bon, ça va ça va, tu vas pas parler cuisine toute la journée non plus !

Le repas c'est comme un livre, et l'apéritif c'est... comment on pourrait dire... la préface.

C'est un restau où ils te donnent une carafe pour deux.
– !

Dans les restaurants chics, ils t'enlèvent tes petits bouts de pain.

Fellini est mort.
– Tant mieux, ils vont nous passer *Il était une fois dans l'Ouest*.

Un café qui ferme, c'est une dent qu'on arrache, et après t'as la rue qui marche de travers.

C'est un restaurant où t'as de la variété, ça veut pas dire que tu bouffes de la chanteuse.

Dans les cafés, pour téléphoner, faut boire dix litres.
– Et des fois c'est cassé.

Qui sait compter de nos jours ?
– Même toi, avec six pastis, tu m'en fais deux.

Le poivron fait roter.
– Mais non, c'est les radis.

En Indo, c'étaient tous des engagés volontaires, comme moi.
– Finalement, toi et moi, Georget, on a eu la même vie, moi j'ai failli y aller.

A jeun, c'est le garçon le plus gentil du monde.

C'est injuste, d'être trop grasse ; les frites, elles, ça les fait pas grossir, t'as des frites toutes maigres qui sont toutes grasses et c'est là l'injustice dont je te parle, enfin *une forme* d'injustice, parce qu'y en a d'autres, c'est une injustice qu'on pourrait appeler « la maigreur grasse » si on devait la peindre dans une église, mais qui saurait encore peindre ça de nos jours ?
Hein ? Et avec quels sous, t'as raison de le faire remarquer.

Avec les progrès de la technique, nos fils auront le delirium trois D, pas beau, ça ?

Pour la justice faut un palais, déjà c'est louche.

Le président de Colombie, c'est rien de plus que le roi du café.

Dans la vie, faut être soi-même.
– Oui d'accord moi aussi.

Si aujourd'hui tu détruis tous les œufs de poule, ça devrait éviter la réapparition des poules dans des millions d'années si un savant fou les manipule...

Je suis d'accord pour que vous veniez chez moi, mais vous jouez pas au foot avec la tortue, OK ?
– C'est pas parce qu'on l'a fait une fois qu'on va le faire à chaque fois.
– Non, non, Jacky.
– Non non.
– Juré ?
– De toute façon on n'a pas les maillots.
– Ha ha !
– Ha ha !
– Ha ha !
– J'ai pas confiance, moi...

Les arbres au bord des routes, c'était planté pour faire des mâts de bateau, à l'époque je parle, et maintenant avec les bateaux modernes, c'est des radars qui sont plantés.

C'est ton verre, ça ?!
– Un peu que c'est le mien, y a du cambouis dessus.
– ...
– Il est signé...

J'ai rêvé trois
fois cette nuit,
et pour moi
c'est trop.

Les jeunes ne mâchent plus.

Qu'est-ce qu'ils
mettent pour moi ?
Sagittaire ?
– Votre travail vous
passionne et vous
débordez d'activité.
– Y sont malades
ou quoi ?!

La Bouddhamania !
La Bouddhamania !
La Bouddhamania !
Mais c'est rien qu'une
passade, ta
Bouddhamania !

*Je veux bien partager
le travail, mais que sur
la plage l'été, je sois
tout seul aussi...*

Claire Chazal, au
début, elle faisait
des photos dans
Hara-Kiri, alors
qu'elle vienne pas
non plus, celle-là,
faire la morale
non plus !

Partager le travail ?
Ah non, alors ! Tu te
le gardes ! Se lever
pour un travail c'est
déjà dur, alors pour
un demi !

*T'es calme, et tout
d'un coup t'es en
colère, on va quand
même pas étudier la
photo satellite avant
de venir boire un
coup avec toi !*

Combien ?
– La semaine
de 32 heures.
– Tant que ça !?

Il n'y en a qu'un que j'aime bien c'est Michel Drucker et si c'était que moi il les ferait toutes les émissions de télé, les autres ont qu'à aller travailler à la radio de toute façon la radio personne écoute que le chat.

Le plus beau crapaud que j'ai vu il était vert.

Le petit Grégory, moi j'aimerais bien le voir le corps de l'enfant, parce que à force on se demande aussi s'il a existé, on n'a vu qu'une photo, celle qui a servi à faire l'assiette...

Les assassins d'enfants, déjà moi je déchirerais toutes les photos de quand ils étaient petits, comme s'ils étaient morts petits, y a pas de raison !

Il n'a aucune volonté, et à l'école, on voit bien les résultats.
– Et à la maison ?
– A la maison, il n'a aucune volonté, vous verriez sa chambre...
– Et votre mari ?
– Lui c'est le contraire, il en a trop, vous verriez sa collection de bouchons sculptés ! Jusqu'à minuit des fois il sculpte.
– Ah bon ?
– Ces chiens, des chats, des hiboux, des grenouilles.
– Et le petit, ça ne l'intéresse pas ?
– Je vous le dis, aucune volonté.
– Et le sport ?
– Rien.
– Et les jeux ?
– Justement, son père lui a sculpté un jeu d'échecs dans des bouchons, il n'a même pas appris à jouer.
– Pourquoi il ne lui parle pas, votre mari ?
– Pour prendre du retard sur ses bouchons ?!

Moi je dis ces mecs-là, faut pas les juger, faut les châtrer, quand on s'attaque à un gosse, pas de pitié, un adulte encore peut se défendre, mais un gosse comme ça, pas de jugement, on le châtre pour lui faire passer l'envie, tout de suite, dès qu'on l'a arrêté on sort le couteau, clac, les gars vous savez comment ça se passe, on les met en prison et un jour ils sortent de prison et ils recommencent, on les met à part dans la prison, ils sont isolés, les autres prisonniers aiment pas ça, les tueurs d'enfants, s'ils attrapent le gars ils lui en font voir de toutes les couleurs, ça lui fait les pieds, on n'est pas un homme quand on s'attaque à un petit, c'est des animaux, et les parents, personne y pense aux parents, vous vous rendez compte, les parents, hein, les parents, on n'a pas le droit de faire justice soi-même eh bien dans ce cas-là on devrait, moi on ferait ça à ma gosse, elle est grande maintenant remarquez, elle habite à Marmande, mais quand elle était petite, ah moi j'hésite pas, châtré, et après deux balles dans la tête, à la télé pour que ça serve un peu d'exemple aux autres, sinon qu'est-ce que vous voulez, y a pas la dissuasion, maintenant on peut tuer n'importe quel gamin, hop, on est nourri-logé aux frais de la princesse, y a des salles de jeu, y z'ont la télé dans les cellules, y a même Canal +, y se tapent le porno à la télé, ces salauds-là, et le courrier qu'on leur apporte sur un plateau avec le café le matin, ces gars-là, comment voulez-vous qu'y fassent pas de conneries, on les encourage, et pendant ce temps-là la gosse elle est morte, elle est au cimetière, et pour les parents vous imaginez le calvaire, moi ma fille, bon elle est grande, elle est à Marmande, on aurait fait ça à ma fille, vous croyez que je serais là à causer le matin, la vie elle est fichue, pour une mère, elle est fichue, non non non, celui qui se venge, moi c'est facile, je lui donne une médaille et une pension, ah mais... c'est symbolique... c'est pas l'argent qui peut remplacer un enfant... non non non...

> *L'affaire Villemin, c'est fini, on saura jamais, alors moi je leur dirais à tous, si j'étais le juge, rentrez chez vous, mais ne recommencez pas.*

Dis pas que la route est dangereuse, dis plutôt que c'est les voitures qui vont dessus, nuance.
– ...
– Nuance.
– ...
– Pas raison ?
– ...
– J'ai pas raison ?
– Des fois, c'est la route qui est dangereuse, je te dis, t'arrives et c'est verglassé...
– C'est pas la route qui est dangereuse, c'est le verglas dessus, nuance.
– ...
– Nuance.
– ...
– Pas raison ?
– Et les virages à la con ?!
– C'est pas la faute à la route, c'est les gars qui font la route, la route si elle est droite, ça lui convient aussi bien, nuance.
– ...
– Nuance... euh... si la voiture elle roule sur la table là, on peut pas dire que la table est dangereuse, on peut pas dire ça...
– ...
– On peut pas.

Les camionneurs, c'est des vrais dangers publics.
– Publics, publics, sur les routes y'a pas beaucoup de public, c'est pas l'opéra.
– C'est comme ça qu'on dit.
– Quand on veut critiquer, on fait attention aux mots.
– ...
– ...
– Les camionneurs, c'est des vrais dangers pour les voitures.
– Alors là je te réponds oui.

Ce sont de véritables bombes roulantes, ces camions !
– Et souvent, le détonateur a bu du vin rouge.

C'est pas la vitesse
qu'il faut limiter,
c'est le nombre de
camions.
– En faisant prendre
la pilule aux
camionnettes ?

Sur les pièces
de 20 francs,
c'est le mont
Saint-Michel.
– Pas toutes,
moi j'ai le Gaz
de France.

Toutes les voitures se
sont mises à brûler !
– A la télé, ils ont dit
pas toutes.
– Évidemment, la télé
elle appartient à des
assurances !

Un coup de vent ?
C'est d' l'air en manège !

Du vent !
– ...
– Du balai !
– On est traités
comme des
feuilles, dans
ce café.

C'est un genre de
Kennedy qu'il nous
faudrait au
gouvernement, et
pas un genre
Guebwiller comme
maintenant.

On n'a jamais le
temps de faire ce
qu'on veut.
– Et qu'est-ce que
tu veux faire ?
– Ben, décorer le
guidon !

*Tu les reconnais facile,
les intégristes, thé à la
menthe, thé à la menthe,
thé à la menthe...*

Voilà que maintenant
ça tripote les embryons
humains !
– Moi je les interdirais,
tous leurs films X.

Plus y sont,
plus y sont cons !
– Comme nous.
– Ah non ! Nous
on n'est que deux !

Il faut rire de tout,
mais quand c'est
pas marrant.

Il a dormi sur la
tablette.
– Dans le train ?
– Sur la tablette
du train.
– Jusqu'à Reims ?
– Lui, il dormirait
sur un cafard, si
on le laissait faire.

Le docteur
m'a ri au nez,
et ça fait pas
plaisir !

Sans médire,
c'est un
enculé.

*Les atroces
souffrances, si on
t'évanouit avant, tu
sens rien, comme
Jeanne d'Arc, tout le
monde l'a étranglée
avant que ça brûle, et
quand elle crie, c'est
nerveux, comme les
grenouilles quand tu
tires le nerf de la
patte.*

Qui ? Roger ? Où ?
Non ?! Si ? Quand ?
Alors celui-là, faut
se le faire.

*Le serpent de vingt mètres, et après,
c'est dix-neuf mètres qui sont de trop,
déjà le serpent d'un mètre tout le
monde se carapate.*

Certains ostrogoths,
la patience qu'y faut...

Parce que le
gouvernement
s'en fiche, voilà
pourquoi !

Avec le temps, on
a fini par se passer
des horlogers.

*Génération sida !
Et alors ?! Et nous !
Quand on va au
boulot en mobylette !*

Aucun animal suce
un autre animal, à part
le comportement
paranormal du gibbon,
mais lui de toute façon
il se branle, il fait tout...
le quoi ? ... le gibbon.

Tout n'est pas tout
noir et tout n'est pas
tout blanc.

Zavatta c'était notre Fellini
à nous, finalement.

A la fin,
Zavatta
pissait bleu.

Une femme qui pète au
lit, sans vouloir non plus
faire celui qui se lave les
dents vingt fois par jour,
c'est un peu too much,
yes or not ?

La Bosnie,
on n'y peut
rien, alors
que Zavatta,
on aurait
pu l'aider.

Quand il a bu il a
un bouton à l'œil.
– Quel œil ?
– Écoute, tu te
démerdes un peu
aussi, non !

C'est définitif ?
– C'est définitif.
– Putain, avec ce
que j'ai fait ?!
– Va boire ailleurs.
– Putain, je vous
confierais pas la
bombe atomique,
à vous.

*Je vous rappelle
qu'en Ile-de-France
on a 1 280 communes.
– Et alors ?
– Alors je vous le
rappelle, c'est tout.*

Il n'est pas là
aujourd'hui parce
qu'il a quelque chose
de grave au poumon.
– Aaaaaaaaaaa...
c'est ça...

Dix-sept ans à obtenir
ma pension ! Dix-sept ans !
J'ai fait des dossiers
et des dossiers ! Jamais
découragé ! C'est un
exemple pour les jeunes !

Tu vas au « Millionnaire »,
tu gagnes dix briques,
c'est le con qui va sur la
Lune et qui ramène ses
papiers d'emballage.

*... et trois qui
font dix, c'est ça ?
– C'est ça, l'erreur
est juste !*

*En tant qu'ancien alcoolique,
je sais ce que je dis, ça
s'appelait l'Auvergnat, et après
c'est devenu l'Atlantique, je
sais ce que je dis, enfin quoi,
quel plaisir j'aurais à mentir ?*

Vous savez ce qu'il me dit ?
– ...
– *Je voudrais que tu meures !*
– ...
– *Vous savez ce que je lui réponds ?*
– ...
– *Tu seras bien avancé, tiens !*
– ...
– *Et vous savez ce qu'il ma dit ?*
– ...
– *Avancé de quoi ?*
– ...
– *Et vous savez la meilleure ?*
– ...
– *C'est que en plus après j'ai voulu lui payer le cinéma !*
– ...
– *Et vous savez ce qu'il me dit ?*
– ...
– *Je m'en fous, connasse, les films je les vois à Canal +!*
– *A sa mère ?!*
– *A sa mère.*

Qu'est-ce que je vais manger ?
– Tu rêves ?
– Qu'est-ce que je vais manger ?

Je bois du porto parce que sur le comptoir ça fait chic, tu comprends, t'es pas bête, tout de même...

L'espace est minuscule, à l'échelle cosmique.

Et six qui font ?
– Douze.
– On peut payer demain ?
– Mais bien sûr ! Si j'avais pas confiance dans les gars qui en boivent douze, j'aurais plus qu'à changer de métier !

Pfu...
– ...
– Pfu...
– ...
– ...
– Pfu...

Un but à dix secondes de la fin !

Ni plus ni moins mais bon, ceci dit...

– Et qu'est-ce qui prouve que l'horloge a pas déconné ?!

Les microbes se mettent dans les oreilles et tu les amènes partout, ces enculés-là.

Dix secondes ! On a perdu pour dix secondes ! Ça serait une minute encore, ça irait...

Le présentateur de la télé pour moi c'est la bonne, il est dans un coin du salon et on lui parle pas.

Le football français ? Quel football français ?

Ces enfoirés de Bulgares qui foutent rien de la journée, tout d'un coup, là, ça se met à bouger à dix secondes comme si tout d'un coup y pouvaient pas attendre !

C'est dix secondes qui valent...
– Cent ans !

Il faut savoir être bon perdant.
– Ah mais c'est pas ça, c'est les autres qui sont des mauvais gagnants !

Tapie, surtout, il a l'air malhonnête.
– On dit ça des garagistes des fois,
ils ont l'air tellement malhonnêtes...
– Et alors ?
– Remarque si, ils sont malhonnêtes.

Une fois j'ai cherché une
rue dans un plan de
Paris, elle était même pas
marquée.
– Moi je connais une rue
à Paris, elle a même pas
de numéro.
– Y en a qui font vingt
mètres, d'ailleurs je
trouve ça idiot de la part
des rues.

Dans une ville
comme Paris, si on
mesure, y a plus de
dedans que de
dehors, du coup ça
suffirait qu'on ouvre
les fenêtres pour que
le chaud du dedans
qui est plus grand
que le froid du
dehors gagne et que
ça réchauffe tout,
mais même ça on le
fera pas.

Tu commences
par être sans
bistrot fixe, et
tu finis à la rue.

J'ai froid rien
que d'en parler,
de vos morts
de froid.

Vous vous rendez
compte qu'en France
à notre époque on a
des morts de froid,
c'est pire qu'en Afrique,
ils n'ont que des morts
de chaud, eux.

Ils gèlent par
les poumons,
comme du foie
sur la fenêtre,
voyez ?

Je suis tout le temps à découvert, c'est pas possible, ils doivent me piquer mon pognon dans cette banque.

Valéry Giscard d'Estaing a fait rentrer la Grèce dans le Marché commun, et résultat, des Grecs, vous n'en voyez plus.

Je suis sûr que Franck Sinatra sait pas faire la soupe à l'oignon.

Il faut réduire le budget de l'armée.

Si tu te tricotes des chaussettes en fibres optiques, tout le quartier reçoit des images de tes doigts de pieds.

Dans les musées, on trouve tout ce que les gens ont pas acheté.

Les comédies de Molière, au fond, ce sont des tragédies au poivre.

C'est le musée des courants d'air, leur truc !

Et pourquoi on construit pas une autre tour Eiffel ? Si on est tellement contents de la première, pourquoi on n'en fait pas une seconde ? Alors là, faudra m'expliquer ! On a fait la moitié du chemin ! Alors pourquoi ?

On a le plus grand musée du monde, c'est possible, mais moi en tout cas, je le vois pas de chez moi.

Tous ces milliards pour faire un musée, tous ces milliards qu'on a mis là-dedans, c'est bien simple, c'est comme si on avait mis tout cet argent au musée !
– Pas le droit de toucher.
– Avec les yeux on le touche, l'argent, avec les yeux !

« En Auvergne, on se réveillera sous de petites chutes de neige qui se transformeront en pluie verglaçante en fin d'après-midi, avec le retour des éclaircies. »
– C'est bien, mais elle est où, la cravate ?

Je fais ma vaisselle après « Les feux de l'amour ».
– Ah oui, votre mari à vous rentre manger le midi.
– Oui, et il me raconte.

Il fait des bonnes femmes en terre cuite, et c'est sa femme qui les fait cuire...

Est-ce que c'est vrai que vous avez appris à nager avant de savoir marcher, ou c'est une légende ?
– Je sais pas nager.

La prison, comment voulez-vous que ça leur donne une leçon, quand on voit toutes les fenêtres.

243

On n'a que deux yeux, et
des fois même, un qui est collé.

Cinq cents chaînes de télé, c'est
la mort de la télé ! C'est comme cinq
cents radios, comment voulez-vous,
moi j'écoute Europe 1.

Je regarde les jeux
à la télé, mais je ne
joue pas, je regarde.

*Et pourquoi on ferait
pas l'élection du
meilleur homme
politique ? Mais il
devient pas président il
a un bouquet de fleurs
et on fait des photos
mais c'est tout, comme
Miss France, et c'est
déjà bien, on voit bien
qu'elles sont contentes,
les petites jeunes filles,
elles font pas
semblant...*

Zavatta, c'est bien
qu'il soit mort, ça
change un peu des
autres morts.

J'invente,
peut-être ?!

Mercure, c'est le dieu
du thermomètre.
– C'est pas la peine
de te demander pour
les mots croisés, à toi.

Si je ne
parle pas,
je ne
pense pas.

Ce qui est bien, avec les gosses, c'est que au moins, un jour, y te méprisent, et ça c'est bien parce que toi tu croyais que t'étais pas méprisable, alors quand t'en as trois…

Les genoux, on croit qu'on s'en sert jamais, et finalement on s'en sert tout le temps.

Moi le mien me dit, papa, t'es qu'une merde !
– T'es qu'une merde ?
– Je sais pas si je suis qu'une merde mais y en a des bien pires.

Les assassins d'enfants, je les mettrais en prison dans la même cellule que les enfants assassins.

Tu revends les petits serpents mille balles, alors tu penses que ça vaut le coup d'en cacher dans ton tube de dentifrice.

T'as de la campagne sur les montagnes, c'est la cerise verte sur le gâteau.

Arrête, t'as plus le droit de tousser, t'es plus malade.

Des tonnes et des tonnes et des tonnes d'ordures ménagères, et encore, je ne compte pas…

Il est ingénieur à Châtillon,
c'est ce qu'il dit, alors
qu'on sait bien qu'il n'y a
pas d'ingénieur à Châtillon.
– Banlieue sud, y en a pas.

*Il écoute des concerts en
live, comme si on faisait
chanter les morts !*

On en entend
tellement,
de nos jours...

C'est quand on
commence à être
intelligent qu'on
devient con par
la même occase.

On est rentrés aux
premières lueurs de
l'aube.
– ?
– On avait bu de la
mandarine.
– Ah... c'est pour ça,
avec la bière, nous
on rentre au matin.

C'est magique, les
poireaux, on les met
dans la voiture, cinq
minutes après la
voiture sent le poireau.

*Pot-au-feu à
l'Élysée, hop, c'est
Mitterrand qu'a l'os
à moelle, vous
voulez parier ?
Non, y en a pas un
par personne ! Non
justement ! Pour
bien montrer !*

Le crapaud contient un
litre alors que la
grenouille elle contient
quoi, quelques pièces
pour les commissions.

Le préservatif à 1 franc c'est bien, mais si tu as que un billet de cent francs tu te retrouves avec quatre-vingt-dix-neuf francs de monnaie par-dessus le préservatif que tu mets dans ta poche, à mon avis avec toute la ferraille dessus ton préservatif il est tout crabouillé.

Si le pape a le sida, alors moi, je suis Napoléon.

Un franc c'est quoi, de nos jours ?
– Un préservatif.

Avec 1 franc, tu pouvais avoir cinq malabars.

Le préservatif à 1 franc, ça va nous faire la pute à deux cent et 1 francs.

Ah non, le monde ne tourne pas droit.

*Tout ce que les journaux disent, c'est du faux.
– Ah non, mais là le sida du pape c'est pas les journaux, c'est le pompier qui vient ici.
– Et comment il sait ça, ton pompier ?
– Ça... c'est peut-être son capitaine.
– ...
– ...
– ...
– T'as pas de capitaine des pompiers dans les journaux.*

La journée du sida, moi je sors pas...

Ils disent que l'alcoolisme c'est une maladie, mais c'est pour nous rabaisser.

Tu feras pas manger de la tête de veau à un gosse.
– Et pourtant c'est bon, la tête de veau.

A une heure ils mangent.
– Et alors ?! C'est humain de manger à une heure, le dimanche !

Il a un cancer de la tête, et il vient me faire la morale !?

En peinture, tout est permis.
– Sauf de mettre du qui sèche pas.
– Oui mais enfin bon, ça c'est technique.

Je rêve ou quoi ?!
– *Non, c'est bien moi.*
– *T'as plus ta moustache ?*
– *Plus.*
– *Putain, je rêve ou quoi ?!*
– *Tu rêves pas.*
– *Et ta moustache ?!*
– *Rasée.*
– *Putain...*
– *...*
– *Alors là...*
– *Même je me suis écorché un petit bouton en dessous.*
– *C'est rien.*
– *De toute façon je vais la laisser repousser, on le verra plus.*
– *...*
– *...*
– *Putain...*

« Vu à la télé, la calvitie enfin vaincue. »
– C'est des pubs bidon, à la télé, ils perdent tous leurs cheveux.

Paris ne serait pas Paris si c'était une autre ville.
– Hein ?
– Paris ne serait pas Paris si c'était une autre ville.
– Hein ?

Les jours se ressemblent depuis qu'ils ont fini les travaux de la rue.
– Moi ça me manque pas, tout leur barouf.
– Ça se ressemble, ces jours sans travaux.

On s'en fiche, qu'elles mettent des foulards islamiques pour aller à l'école, du moment qu'on met des rideaux aux fenêtres de la classe et que ça se voit pas de la rue, c'est une solution qui arrange tout le monde, ça, non ?

Pour moi le Pape, c'est une sorte d'abbé Pierre qui s'habille en papier alu.

Bedos, il aime l'abbé Pierre, il aime Tapie...
– Il aime tout le monde.
– Y a que les cons comme nous qu'il aime pas.
– C'est facile.

Le foot...
– Oui.
– C'est devenu une usine.
– Oui.
– ...
– Eh ben ?
– UNE USINE !
– Oui, on a compris, t'aimes pas l'usine, et après ?
– Pfu...
– On s'en doutait, remarque...

Le jour où y aura plus de gens
sans abri que de gens qui ont
des abris, ça voudra dire que...
– C'est les vacances d'été !

Tout ce que je vois,
dans les discussions
du Gatt, c'est des
mecs payés pour
discuter.

*Les assassins d'enfants,
et d'une c'est la prison
à vie, et de deux je les
enterre dans la prison
pour une période de
trente ans après la mort,
après, on voit...*

Les tunnels, ça
donne du travail.
– Pas plus que
les ponts.

*Leur tunnel sous
la Manche, ils
l'auraient fait au-
dessus, eh ben on
aurait continué à
prendre le bateau
comme d'habitude
et ça aurait rien
coûté, toutes ces
dépenses je ne
comprends pas, à
notre époque du
chômage, ils
auraient pas
construit un tunnel
pour mettre les
chômeurs à l'abri
sous l'eau, ça non !*

J'aime bien le sport,
mais c'est les sportifs
que j'aime pas.
– T'as qu'à organiser
des courses de
feuilles, connard !
– !
– Dès que je parle
avec lui je m'énerve.

Mal jouer du violon,
c'est pire que mal
jouer d'autre chose.
– Bof.
– Ah si, je le pense !

On voit plus de belle grues...

Ah ah ah! Laissez-moi rire! Ah ah ah!
De la merde sur mon chapeau! Ah ah ah!
L'humour! Bravo! Ah ah ah ah! Je rigole!
Je rigole! Et c'est une idée à qui? Ah ah!
Que je dise bravo! Ah ah! De la merde sur
mon chapeau! Ah ah! Un chapeau tout
neuf! Ah ah! Plein de merde! Ah ah!
Irrésistible! Ah ah! Bien sur les bords! Ah
ah ah! Et dedans! Ah ah! Formidable! Je
suis plié! Ah ah! Et c'est qui le génie que je
lui donne un 7 d'or? Ah ah! Le 7 d'or de la
merde sur mon chapeau! Ah ah! Alors?
C'est personne? Ah ah! Et lâche en plus!
(Il met le chapeau sur la tête et s'en va. On
continue à l'entendre. Il rit dans la rue.)
Alors là c'est la meilleure de l'année, celle-
là, vraiment! Ah ah! De la merde sur mon
chapeau! Ah ah! Quelle rigolade!

*Celui-là, c'est sûr,
on le verra plus.
– Mais non, il
reviendra, il est
toujours revenu
après qu'on lui a
mis de la merde
sur son chapeau.*

L'horoscope?
– Page quatre...
– Vous en savez
autant qu'eux,
au fond...

Après voler, l'oiseau pue sous les bras.

La responsabilité de la société c'est de donner du travail à tout le monde, et même aux feignants !
– Ça, c'est une société qui en fait trop, je dirais.

Je te parie mon RMI !

Dostoïevski, rien que le nom de l'auteur à lire et j'ai ma dose.

Sinclair, à la télé, tout le monde se la fait, bien sûr, tu penses !

En tant que fleuristes on gagne plus notre vie.
– Tout ce qui est commerce va mal.
– Ah mais la fleur c'est pire que tout, tout arrive de Hollande !
– Y a qu'à taxer.
– Taxer, je ne sais pas si c'est possible, avec l'Europe de maintenant.
– ...
– La fleur de Hollande, pour nous, c'est un danger mortel, c'est quand même un comble.
– C'est la politique...
– Si la politique, elle met du poison dans les fleurs, merci bien !
– Même le porc hollandais c'est un problème.
– Et la meilleure, tout ça voyage dans le même camion !

Il est capable de travailler, il a jamais de billet sur lui et si tu laisses tomber une pièce il se jette dessus, c'est une hyène, ce gars-là, pour lui ta pièce c'est rien qu'une vieille carcasse de pognon, le côté pile c'est de la tripe et le côté face c'est de la peau, c'est un charognard, avec son manteau pelé, moi y me fait peur, je veux pas qu'y me touche, il a les yeux qui pleurent et y pue de la gueule, il a toujours une espèce de vieux manteau pelé, la nuit tu le vois qui traîne dans la rue avec deux-trois gars comme lui, ça fait une drôle de bande, et ils vont d'un café à un autre café en bousculant les gens exprès pour que les pièces tombent et là, clac, c'est la curée, des fois même ils se battent entre eux pour la pièce, c'est plus une scène normale, c'est la savane, c'est l'Afrique, ta pièce c'est la proie et t'es pris dans le combat, ça tourbillonne, les manteaux volent, t'entends des cris et y en a qui rient, ça fait une mêlée qui soulève les cendres par terre et personne peut les séparer, faut se reculer, y a que ça à faire, et quand ils ont fini avec la pièce ils vont ailleurs chercher leur proie, plus c'est une vieille pièce et plus ils sont heureux, ce qu'ils aiment, eux, c'est quand il fait chaud et quand dans le café y a des mouches, voir ça en plein Paris, le soir, l'été, après le marché, quand tout le monde remballe et que ça sent un peu le pourri, c'est autre chose que voir un petit clochard qui fait la manche devant l'église, t'as vu la vraie violence des rues comme elle existait au Moyen Âge, et avant, et encore avant, quand l'homme était un animal, quand t'as vu ça, t'as vu les hyènes du marché d'Aligre, et t'as tout vu !

J'aime pas quand tu fais trop le malin.
– Je te le dis comme je l'ai vu.
– Menteur.
– C'était une pièce de deux francs.

Quand on voit ce que les gens jettent...

Sans son immunité parlementaire, Tapie, il est comme nous.
– Ah non ! Nous on est honnêtes !

Tapie, moi je dis qu'il est pas pire que tous les autres, et si on le fout en prison lui, alors y faut foutre en prison tous les autres, et toi tu dis quoi ?
– *Pareil.*

Tapie, sans l'immunité, tous les microbes qui passent, ça va être pour lui...

Il est en formation continue, mais il y va jamais.
– Si tu vas jamais en formation continue, ça donne les résultats d'une formation normale.

Vitry ou Viry ?
– Arcueil.
– Le garage ?!
– Ah non le garage c'est à Corbeil.
– Essonne ?
– Oui, Essonne, évidemment !
– ...
– Bon, on va pas s'énerver pour rien.

C'est Juppé qui négocie avec les Américains sur le Gatt, si un jour on doit discuter d'échanges commerciaux avec les Martiens j'espère que ça sera pas lui, t'as vu sa tronche ?!

Je sais ce que je vais lui acheter, un bol à punch.
– T'as du pot d'avoir trouvé parce que moi je sais pas.

Les Chinois mangent les rats parce que les rats mangent leur riz.
— Pfu... t'encules pas le voisin parce qu'y couche avec ta femme !
— ...
— Pfu... deux et deux font quatre... pfu...

La tour a brûlé comme un fétu de paille !
— C'est bien la peine d'habiter Créteil si c'est pour brûler comme à la campagne...

Le feu s'est propagé jusqu'au douzième étage !
— Dans les bâtiments de cinq étages, ça arrive pas.

Y en a marre, d'être pauvre ! Soit on est SDF, soit on est CCS !
— ?
— Cramé chez soi.

Pour les pompiers, c'est mieux comme sortie que un chat dans un arbre.
— Oui mais on s'en passerait bien, des incendies comme ça !
— Je dis pas que c'est bien comme incendie, mais que là, vraiment, les pompiers peuvent s'exprimer, c'est ça que je dis plutôt.
— Qu'est-ce que tu parles à la place des pompiers !
— Non mais non, c'est eux qui font ce qu'ils veulent, c'est ça que je dis.
— Et si c'était ta famille qui avait brûlé ?!
— Ah c'est triste et je suis pas pour, c'est que je dis, j'ai pas dit le contraire !
— Alors dis pas que les pompiers sont contents !
— Je dis pas qu'ils sont contents, ah non alors, je dis, ils font leur métier et ils le font bien, c'est ça que je dis, oui c'est ça plutôt.
— Bon, alors là d'accord.
— ...
— ...
— Ouf...

Une grève de train, ça fait chier les usagers mais en même temps ça repose les rails, c'est ça aussi...

Jamais on m'écrit, jamais j'ai du courrier, j'en suis même que je serais contente de recevoir une lettre piégée, tenez...
– Mais non.
– Mais si.

C'est un envoûteur, il vous envoûte et quand vous êtes envoûté vous n'allez pas travailler et il vous fait un faux certificat du docteur si vous voulez.

Le cinéma français, le cinéma américain, mais qu'on les mélange et qu'on n'en parle plus, une image française, une image américaine !

La télé je la regarde pas, je la regarde que quand je suis en prison.

Vous avez vu comme vous êtes gaulés ?! On dirait des souvenirs.

... Virgule... mon fils qui a été malade...
– J'excuse, c'est x.
– ...x...u...s...e j'excuse... mon fils qui a été malade...
– On dirait la dictée de Pivot.
– Oui, en plus utile.

Pendant qu'on digère, on n'est pas tout à soi.
– Pardon ?

Il a fallu inventer la ville pour marcher dans la merde de chien.
– ...
– A la campagne personne marche jamais dans la merde de chien.
– ...
– Ou c'est rare.
– Je sais pas, moi je pars jamais.

Si c'est pour jouer comme ça, c'est pas au Parc des Princes qu'y faut jouer, c'est à Lourdes.

Je vais toujours au boulot à pas de fourmi, comme les abeilles.

Tu me crois pas ?!
– Je te crois pas !
– Tu me crois pas ?!
– Je te crois pas !
– ...
– ...
– Tu me crois pas ?!
– Je te crois pas !
– ...
– ...
– ...
– Bon... tant pis pour toi si tu me crois pas.
– Je te crois pas !
– Tant pis pour toi.
– Je te crois pas !
– Tant pis... un jour tu me supplieras de me croire...

Ce que je sais je le sais, tout de même !
– Ah mais je critique pas.

La mer, ça perd beaucoup à la télé.

Si tu poses une très très bonne question, dedans la question tu as quasiment la réponse.

Elle boit du Miss Dior.
– Elle est folle, cette Adjani.

Qui ?
– Lui.
– Le grand ?
– Celui d'à côté, y bosse à la télé.
– La tête de con ?
– Chut.

Il est comme les requins, quand y a de la viande, ou même des saucisses, il devient agressif.
– Et pourquoi vous le gardez dans votre cantine ?

Quand t'es humoriste tu vends ta gaieté, mais faut surtout faire attention d'en garder pour toi, sinon tu finis comme tous les humoristes qu'on voit dans la télé, tu finis, t'es triste et plein de fric.

Catherine Deneuve, le vendredi soir, elle prend sa murge comme tout le monde.

Il est gros comme une merde, et pourtant j'aime pas les comparaisons.

De quel côté il est parti ?

Je suis pas un spécialiste des perroquets mais ça vole pas beaucoup et ça mange des biscuits.

 Vous faites quoi, comme métier ?
— Je suis magicien.
— Ah ? Et ça marche bien ?
— Je me plains pas.

Moi faut que je parle, sinon les mots y me moisissent dans le gosier.
— Mais gosier, ça se dit plus !

   On y va ?
   — On y est.

... et après je suis rentré chez moi... je crois...

 J'en ai entendu des conneries, mais des comme celle-là !
— J'ai rien dit.
— ?

 Moi j'en dis, je suis sûr que j'en dis.

Il a posté sa lettre de démission mais comme après il a regretté il a pris un marteau et un burin et il a voulu enlever la boîte aux lettres de dans le mur.
— Abandonner son travail, avec tout le chômage...
— Il était saoul.
— Oui mais bon, tout de même...

 Vous buvez un truc ?

Bouffe des petits cailloux, tu verras que dans six mois t'as un gésier.

*Le dimanche, il amène l'apéritif au lit à sa femme.
– C'est pas à moi que ça arriverait.*

Tout est dans le style de la cravate.
– Mais je sais ! C'est en première année d'habillement qu'on apprend ça !!

Iggy Pop il a pas 10 à chaque œil, il voit pas le ZU.

*Elle est malade des articules, elle peut pas descendre les escaliers, alors c'est moi qui y monte son petit apéritif chez elle.
– C'est pas pour boire, c'est plus pour voir du monde.
– C'est bien ce que je pense et c'est pour ça que je rechigne pas à monter.*

Moi je leur entraîne, s'ils veulent, leur équipe de France de football, mais attention, moi je suis dur, pas de vin à table.

C'est toujours pendant les vacances que ça se passe, les augmentations, tiens, nous, à la maison, on était quatre, depuis les dernières vacances, on est cinq.

C'est une tradition
préhistorique de regarder
le soleil couchant.

Avec un tunnel tu peux traverser la Manche en
trente minutes, du coup si tu veux en Angleterre
il est midi et demi quand ici il est midi, le tunnel
ça t'avance la montre d'une demi-heure, et dans
l'autre sens c'est pareil, si tu pars à midi et demi
de l'Angleterre, t'arrives en France il est midi,
c'est un tunnel qui fait gagner surtout du temps
dans un sens et qui en fait perdre dans l'autre,
ceci dit le progrès c'est souvent ça, t'as les
gagnants d'un côté et les perdants de l'autre, reste
à savoir si les travaux ont coûté pareil des deux
côtés, normalement celui qui gagne une demi-
heure doit payer plus que celui qui en perd une,
et encore heureux que le train fasse que du cent
à l'heure, si y fait du cinq cents, tu pars de
l'Angleterre à midi, t'arrives en France il est sept
heures du matin, tu gagnes carrément la matinée,
et je pousse pas l'exemple plus loin parce que
sinon ça fait tourner la tête, enfin bref, le tunnel,
y a du pour et du contre, c'est comme tout...

Le mec qui va le
reboucher, il est pas né.

J'aime pas les anniversaires,
tout le monde glaviote dans
les mirlitons.

L'Amer Picon avait
dans son Claquessin la
Mominette. Un jour la
Gentiane appelée pour
le constat n'avait jamais
vu un Cassis à l'eau !

    ... pénible, lui...

La mère Picon avait
dans son claque saint
la môme Minet. Un
jour la gendarmerie
appelée pour le constat
n'avait jamais vu un
cas si salaud !

    ... pénible, lui...

Ils augmentent l'essence et après
ils limitent la vitesse. L'essence
chère, c'est fait pour rouler vite !

On vit au siècle
de l'image.
– On vit au siècle
de la vitesse aussi.
– ...
– ...
– Ben putain...

*Si tu veux je te les
vends, moi, tes cartes
grises !
– Mais non, laisse...
– Putain c'est moi
qui fais tout !*

    Celui que j'aime,
    c'est Sacha Distel.

*C'est pas la vitesse,
qui est dangereuse,
c'est les mauvais
conducteurs, même
à deux cents, si t'es
bon conducteur...*

Donnez-moi la main,
je vais vous amener aux
cabinets.

    Quand on est
dans cet état-là...
– Pfu...
– On pisse dans
la rue.

Il a vomi tout le vin blanc devant son patron, et encore heureux que c'était du blanc, on dirait de l'eau.

Nous, chez nous, on va faire de la Duchesse de la basse-cour aux marrons.
– Nous c'est de la dinde qu'on va faire, NOUS.

Pour Auxerre, c'est direct ? Je demande, parce que vous êtes cheminot...
– A la retraite !
– ...
– ...
– Pour Auxerre, c'est direct ?
– A la retraite ! Demandez à un autre, faites travailler un jeune.

Le chômage finira par disparaître, c'est obligé, c'est une loi de l'économie, c'est forcé.
– Quand ?
– On sait pas quand.
– Facile !
– Toi tu confonds loi de l'économie et l'horoscope.
– C'est facile alors de faire des lois de l'économie.
– Bien sûr que c'est facile.
– Alors faut pas se gêner.
– Je me gêne pas.
– C'est des lois que t'inventes toi ?
– Et alors ! Je vais me gêner !
– C'est du bidon.
– Et pourquoi c'est du bidon, parce que c'est moi qui invente la loi ?
– J'ai pas dit ça !
– Et pourquoi j'inventerais pas des lois !?
– Je sais pas...
– Paye un coup plutôt, tiens, ça c'est un décret !

Los Angeles, 2 690 francs,
c'est donné.
– Et après t'en feras quoi,
de ton Los Angeles ?
– ?

Au Crédit Lyonnais, y en
a pas un qui est lyonnais,
alors me retirer mon
carnet de chèques à moi,
qui suis peut-être le seul
Lyonnais de tout le
Crédit, c'est un peu fort !

A la place de la tour
Montparnasse, on
pourrait construire
un joli pavillon, mais
bien sûr ça oblige à
transplanter les
bureaux en banlieue.

*... et les hommes
politiques, pourquoi
qu'on n'en mettrait pas
quelques-uns en friche
de temps en temps
aussi ?! Pendant deux
ans on laisse dans un
coin, que le cheveu
pousse ! On laboure
pas ! Que du fumier
dans les cervelles ! On
laisse dormir !
Pourquoi c'est
toujours la terre et pas
les politiques qu'y
crachent dessus ?!*

Si la truffe est
chaude, c'est que
la truffe est
malade, mais si
la truffe est
fraîche, c'est que
la truffe est en
bonne santé,
comme pour les
chiens si tu veux.

Balladur, au moins,
il ne fait pas de politique.

*Balladur président ?
Moi je suis d'accord,
président chez Danone.*

Balladur et
Mitterrand, on dirait
un puits en pneus et
un nain de jardin.

Et pourquoi on
n'aurait pas deux
présidents ? En
hiver Raymond
Barre et
en été Balladur ?

58 % des Français sont
« satisfaits » de Balladur.
– Oui, qu'y me demandent
à moi, tu vas voir comment
je vais te les faire baisser,
leurs 58 %, tu vas voir ça !

*J'ai jamais été sondé.
– Moi non plus.
– On n'est pas sur la
route des sondeurs.
– Sans doute non.*

La porte ! On va
attraper le dehors
avec vos conneries !

*Je lui parle plus,
à ce con, c'est une
buse.*

En mettant du
poison dans les
boules-crème tu
peux tuer tous les
gourmands, mais
en même temps
c'est con parce que
les gourmands
sont pas les plus
méchants, si dans
le tas de
gourmands tu tues
deux-trois ordures
ça sera le
maximum, alors
est-ce que ça vaut
le coup de tuer
tous les gourmands
pour éliminer trois
cons, moi je te le
demande ?

Il habite au neuvième,
c'est un peu comme s'il
avait pas pied.

Quand y a pas de goudron par terre, pour moi
c'est l'inconnu, tu me feras pas habiter là où y
a pas de goudron, le dimanche, la balade, c'est
je vais jusqu'au bout du goudron et je reviens,
j'irai à la campagne quand ça sera que du
goudron, ça viendra, le goudron c'est la seule
vraie écorce terrestre, c'est du solide, même
des fois ça te fait de l'écorce marine solide
qu'on peut marcher dessus, c'est pas comme la
terre du jardin, on n'est pas des taupes pour
discuter dans la boue !

*Une jolie pelle à gâteau
ou un ramasse-miettes,
ou même les deux.*

Le soleil couchant,
si tu le veux dans la
chambre, va falloir
construire grand.

Eh ben, pépé ?
On a la tremblote ?
On boit sans
décodeur ?

Le bois ça chauffe
bien, le mazout c'est
une chaleur qui a
pas de racines.

*Elles sont
courageuses,
ces petites,
de faire du
patinage
en culotte.*

Des milliers de
corbeaux sur l'arbre,
fallait voir, un terril
de plumes !

La télé, si tu l'allumes pas, c'est un truc qui prend de la place, alors que la radio, si tu l'allumes pas, c'est un truc qui prend moins de place... euh... c'est ça... quitte à rien allumer... euh... autant la radio... c'est ça...

Ricard-tomate sur Ricard-tomate.
– Elle est enceinte ?
– Non, les femmes enceintes c'est Ricard-fraise.

Même si c'est pas elle qui a tué son enfant, faut qu'elle aille en prison, elle avait qu'à s'en occuper !

Un parfum poireau-pomme de terre, si tu écris Dior dessus, tu en vends obligatoirement.

Elkabbach, il est bien comme directeur de la télé, il est autoritaire, parce que attention, la télé, c'est des gazelles partout qui courent dans les couloirs et personne ne fait rien !

Si on veut pas que l'école publique devienne une chiotte publique, faut pas que l'État donne de l'argent aux chiottes privées !

Personne fout rien, dans ce pays !
– Oui, mais t'as vu le chômage...
– Je te parle pas de ceux qui sont au chômage, je te parle de ceux qui sont pas au boulot !

Ce qui plaît pas, dans le parc Walt Disney, c'est la souris.

Les moules et les coquillages fouisseurs de l'étang maritime de Leucate sont temporairement interdits de ramassage et de vente depuis jeudi après la découverte de dinophysis par les services de l'IFREMER, a indiqué hier la Direction départementale des affaires maritimes de l'Aude.
– ...
– ...
– Dino-quoi ?
– Dinophysis.
– ...
– ...
– Connais pas.
– C'est un truc dans les moules.

On a des souris.
– Faites gaffe, ça propage la grippe.

La langue ? Quelle langue ? Le chinois ? C'est pas une langue ! C'est dix en même temps.

Avec les histoires d'embryons congelés, l'enfant peut naître après la mort de son père.
– Eh ben comme ça y tapera pas dessus !

Ils ont fait une alerte aux lits pliants.
– Ah ?
– Ils se plient avec l'enfant dedans.
– Ah ? Comme quand j'étais enceinte que je me baissais tout le temps.
– ...

*D'accord pour
réduire la vitesse,
mais que d'abord
ils réduisent
les distances.*

17, 95 la bûche
des îles, ah oui dites
donc, en effet !

                      C'est donné.

    C'est l'hécatombe
sur les routes, mais
au moins, pendant
qu'elle est là, elle
est pas ailleurs...

    *T'as bu frais, t'as
dégueulé chaud,
t'as rien fait qu'à
chauffer la vodka.
Mais ça t'a
rapporté quoi, à
toi ?*

*L'école privée !
L'école publique ! Moi
j'y comprends rien,
à toutes ces écoles !*

... C'est vrai, l'abus
d'alcool peut être
dangereux pour la
santé, mais quand
on a la grippe c'est
le contraire.

A Avec un ascenseur qui
traverserait la Terre on
gagnerait du temps, mais
attention, faut pas rester
coincé !

    *Ça peut servir
autant d'apéro
que de digestif.*

A Moscou, si tu coupes les queues au
milieu, elles continuent à vivre, comme
les vers de terre, et elles continuent à
se tortiller sur le trottoir, pour du pain.

La vie privée des vedettes nous regarde pas ? Alors ça ! Y faut les voir qui se grimpent dessus dans les films, et après faut pas qu'on dise combien y chaussent, ah ben alors ça...

Il part d'en haut et il arrive en bas.
– Sans tomber ?
– Sans tomber ! Il a le ski dans la peau, ce gamin, alors qu'à l'eau il n'aime pas se baigner.
– Il a pas l'eau dans la peau.
– Sans doute que non.
– Le ski.
– Sans doute que oui.
– Remarquez, déjà une chose dans la peau, c'est bien.

La pluie, je préfère encore quand elle est par terre.

La vie privée des vedettes, c'est tout ce qui est pas payé.

Si l'homme vient du singe, comment peut-il être à l'image de Dieu ?
– Peut-être que Dieu était un singe, et il a évolué en même temps que nous.
– C'est la théorie de l'évolution de Dieu, ça.
– C'est ça.
– ...
– ...
– Moins fort...

Avec un redoux comme ça, on aura des mouches sur la bûche cette année...

Tout est de la théorie ! Tu vas chier demain ? Encore de la théorie !
– J'y comprends rien, à tes trucs.

Avant de créer une famille, on se lave les cheveux !

Si le Père Noël pouvait amener du travail à tous les chômeurs, et que en plus moi je devienne leur patron, avec la Mercedes et tout, ça serait un joli cadeau à porter sur la Terre.

Quand je suis né, ça faisait froid comme aujourd'hui.
– C'est ton anniversaire ?
– Non.
– Alors c'est celui du froid.

Attention les pièges du beurre !
– Je fais attention.

La porte à cause du chien !

… Son sandwich dans la contrebasse, une fois j'ai vu ça.

Cent musiciens, tu peux pas les tenir, même si t'es le meilleur chef d'orchestre du monde, tu peux pas les tenir.

Ils appellent ça de la musique contemporaine.
– ?
– De la musique de maintenant.
– ?
– De pendant qu'on écoute.
– De la musique qu'on écoute maintenant ?
– ?
– ?
– ?
– ?
– Et vos chats ?

On s'est posé sur
la Lune, on est revenu
sur Terre, la Lune
c'est qu'un perchoir.

Avec le saumon
sauvage, au moins t'es
prévenu, alors qu'avec
le saumon d'élevage,
tu sais pas s'il est bien
élevé.

... je vais lui acheter
un livre de proverbes,
ça sert toujours...

Je gratte, si je gagne
je vais pas au boulot...
bon, d'accord, au
boulot.

*Une mornifle,
que je vais lui coller !
Une mornifle ! Paf !
Il l'a eue, sa mornifle !
Il l'a eue !*

Redis.
– Quoi ?
– Ce que t'as dit.
– Ah oui ! Il a
mangé son chat.

On ne bat pas son
enfant comme ça,
madame !
– C'est pas le mien.
– !

*J'ai pas tellement
d'idées sur ce qu'il
faudrait faire en
Yougoslavie, mais
de toute façon,
comme personne
n'en a... j'en aurai
quand les autres
en auront, voilà.*

... l'ours en peluche,
les abeilles en peluche,
la ruche en peluche et
le miel en peluche,
où je vais trouver ça,
moi ?

Trop gâtés ! A mon
époque, avec une boîte
de conserve...
– On se faisait chier !
– ...

Heureusement que Haussmann s'est pas occupé des sentiers de grande randonnée.

Je vais me l'acheter, c'est un livre pour devenir homme-poisson.
– C'est des couilles !
– ?
– C'est un truc pour apprendre la plongée sous-marine, ce genre-là, et après faut que t'achètes le matériel, les bouteilles, tout ; il est cher ton bouquin ?
– Deux cent vingt-huit francs.
– Tu peux rajouter une brique de matériel !
– ...
– Homme-poisson...
– ...
– Pour 228 balles en plus...
– ...
– C'est même pas le prix du saumon !

Si on est les seuls dans l'univers, explique à quoi servent les autres planètes ?!
– ?
– Alors ?
– La Terre est notre maison... c'est du gravier dans la cour.

Au casino, tu gagnes jamais, la bille finit toujours dans le même trou, celui du cul.

La diplomatie, c'est tout un art.
– La diplomatie, je l'encule !

Les deux skis doivent toujours rester parallèles, comme si t'étais un train qui fait du ski, compris ? Compris ?

J'avais le fou rire, mais j'avais le fou rire, j'avais le fou rire, et je riais, je riais, je riais comme une tordue, je ne pouvais plus m'arrêter, ça me faisait mal là dans le ventre, ça me serrait l'estomac que j'avais du mal à respirer tellement je riais, ah mais je vous jure ça me faisait mal là, et pas moyen d'arrêter, le fou rire, le fou rire dans la rue, les gens devaient me prendre pour une folle à rire comme ça toute seule, j'attendais au feu rouge pour traverser et pas moyen, je pleurais je ne voyais plus rien, et je riais, je riais, je riais, une vraie folle ça c'est sûr, une folle de rire, j'avais posé mon panier par terre sur le trottoir, même ça j'arrivais plus à le faire, porter le panier, mais je vous jure j'exagère pas, ça fait longtemps que je n'avais pas ri comme ça, nerveusement, mais ce fou rire, vous m'auriez vue vous ne m'auriez pas reconnue, vous me connaissez, je suis plutôt réservée, moi je ne rigole pas beaucoup, à la télé les films comiques me font à peine rire, vous m'auriez vue, mais c'était à faire pipi dans ma culotte comme une petite fille, là, sur le trottoir devant tout le monde, à pas pouvoir me retenir, je me tenais le ventre comme ça, et j'avais mal, j'avais mal, ça m'appuyait sur la vessie, il aurait plus manqué que ça, à mon âge, pipi sur le trottoir, franchement, vous imaginez ça, pendant un moment je me suis demandé si j'allais rester là tout l'après-midi ou si ça allait finir par se calmer, j'ai même eu peur pendant un moment, et plus j'avais peur plus je riais, un fou rire, mais un fou rire, pour rien, comme ça, d'un coup, j'avais honte mais je ne pouvais rien faire, ah la la la la la la, un fou rire, ah la la la... ahhhhh... ah la la... ahhhhhhh... ah....... la la................ ça fait du bien...... tellement de bien.

Elkabbach, il faudrait qu'il nous remette « La piste aux étoiles »...

L'Amibe a trouvé un boulot dans une charcuterie.
– C'est bien, j'aimerais pas voir l'Amibe traîner.

Je cherche quelqu'un qui a une écriture de docteur pour me faire un papier.
– Ça peut se trouver.

Babar, c'est français, mais ceci dit, y a pas d'éléphants en France, alors qu'on a des poules, et ça ferait un dessin animé peut-être mieux que Babar, et là le héros est français, Babar c'est Tarzan, ni plus ni moins.

La France, dans l'univers, c'est un grain de sable, ou un peu plus, disons un petit caillou.

C'est pas moi qui vais crier contre les prospectus dans ma boîte aux lettres, c'est les seuls qui m'écrivent.

Il a toujours un petit con collé dans le dos, c'est son con pilote.

A la télé, qu'est-ce qu'ils proposent, à part des films et des émissions ? Rien !

J'en ai marre, du Loto, j'ai plus d'idées pour les numéros.

Les espèces en voie de disparition, c'est la nature qui commande qu'elles disparaissent, c'est les plus faibles, et quand toutes les espèces en voie de disparition auront disparu, restera que les espèces qui disparaîtront jamais, et vous verrez que très vite on se souviendra même plus des espèces disparues, on aura trop à faire à se foutre sur la gueule entre forts.

Faut pas lui toucher son verre, malheureux ! C'est comme aux animaux quand tu touches le petit, il en veut plus, il l'abandonne.

… ils en sont encore à l'âge des tavernes, dans ce pays…

Il met des tapettes aux oiseaux, vu qu'il a des tapettes et pas de souris.

Pour un lion, un clown c'est rien qu'un animal coloré pour la saison du cul.

T'avais des cirques qui faisaient le tour de France pendant l'Occupation ! Même les clowns ! – Les clowns, ça bouffe à tous les râteliers.

Un enfant qui tue un enfant, on le fait juger par un tribunal d'enfants. – Vous avez de ces idées vous…

Si tu trouves une merde dans ton jardin, la moitié c'est à toi, l'autre moitié c'est pour l'État.

Barbara Streisand, elle va pas aux toilettes sur l'endroit du tournage, elle se fait raccompagner chez elle par son chauffeur.

Le pape va pas attendre, il se couche, et on le réveille pour minuit.

Alors, Odette, t'as mis tes moonboots ?

Mon bouquin sur la Vierge a disparu.

C'est dans la police que t'as le plus de chances d'avancement, un jour tu fais la circulation, un autre jour tu photographies la bite de Michael Jackson, trouve un autre métier qui te propose ça...

Les humoristes s'occupent des Restos du Cœur, pendant ce temps-là, les dramatiques ne font rien...

On aurait moins de rivières, on serait moins inondés, mais essayez d'en boucher, des rivières, vous allez voir les pêcheurs ! Et l'État osera pas ! Un pêcheur est un électeur !

Vous vous rendez compte, un chauffeur de car scolaire arrêté avec 2 grammes 7 !
– Et c'est trop ?

... Si l'urologue il est au réveillon, moi j'y vais pas.

Le sous-marin nucléaire, s'il est mal fermé, après un an de voyage tes marins sont bouchonnés.

Si Tapie se retrouve en prison, de toute façon il la rachètera.

La Dorothée, la Goya, ça doit gousser.

Jean-Marie Villemin va passer la Noël en prison.
– Le plaignez pas, pour la Noël ils ont du bon pâté.

C'est des milliards de milliards, la drogue, des milliards de milliards, alors finalement tout le monde s'y retrouve, les gouvernements, les banques, tout le monde je dis, tout le monde.
– On n'a qu'à légaliser.
– C'est légal depuis longtemps ! Mais pas pour nous.

Il est vieux ?
– Tu penses, il est né avec le Schoum.

La truffe, comme champignon, c'est France-Musique au prix de TF1, je dis ça pour vous qui êtes de la télé.

Les casques bleus, tu leur fous une cerise dans la bouche, c'est quasi des Mon Chéri.

J'ai jamais vu ça ! La cave inondée, dix centimètres d'eau dans la cuisine, j'ai jamais vu ça !

Tu fais un gosse à seize ans, mais pour toi c'est le paillasson de l'existence, tu l'as mis là pour entrer dans la vie, et très vite tu t'essuies les pieds dessus.

Quand le vieil Indien mourait, il donnait sa coiffe à son fils, et l'État indien prenait pas une plume sur deux, bordel de merde !

La musique dans le métro, mais c'est pas un endroit pour ça, la musique ça se joue... eh... à la campagne, ça gêne personne, remarquez, moi la musique dans le métro ça ne me gêne pas, mais quand je vois tous ces musiciens dans le métro, je me dis ils seraient mieux à la campagne.

Trenet, si j'étais juste seulement gai comme une de ses couilles, je serais heureux.

Si les dinosaures reviennent, on les foutra au zoo.
– !
– Et où veux-tu qu'on les mette ?

J'aime bien avoir l'esprit libre.
– Vous avez raison, moi aussi je vais m'acheter mes courses et je reviens.

Il s'est appuyé au car de flics et les mecs sont sortis.
– Alors ?
– Aladin et la lampe qui te pète la gueule.

... pas *ça* de crème au beurre, pas *ça*.

Je sais jamais quoi lui acheter, elle a tout.

... je lui fais sa vaisselle de Noël.

... je lui fais sa vaisselle de Noël, mais je lui essuie pas, on laisse sécher...

Entre la fin de la jeunesse et le début de l'âge mûr, t'as deux-trois jours.

Tant qu'on n'a pas coupé le cordon ombilical, le bébé peut retourner habiter dans le ventre de la mère pour passer la dernière nuit...

Faut jamais faire de travaux dans un musée, faut tout garder comme si c'était avant, sinon c'est pas logique.

Blanc, rouge, rosé, tu bois les trois, t'es un drapeau.

Tant qu'on n'est pas mouru, on sait pas ce qui peut arriver.

Tant qu'on aura des cheveux sur le bouchon de la baignoire, on pourra dire qu'on est heureux.

Vous n'allez tout de même pas sortir sous la neige fondue !

*Vous allez à la messe de minuit ?
— A minuit, ça fait longtemps qu'on est pleins.*

Faudrait pas qu'un connard important meure, ils passent E.T. à la télé.

*L'hiver sera froid, les oignons ont huit peaux.
— Et triste, ils font pleurer.*

Je suis tout seul, je me couche tôt, je dors sur le côté, comme ça à minuit je suis sûr que les couilles se font la bise.

En art on peut pas se tromper de chemin puisqu'il n'y a pas de route.
— Moi je m'en fous, j'avais la tête d'un clown dans la chambre et je l'ai jetée.
— Je parle pas de ça, je parle du chemin.
— Y boit un truc ?
— Volontiers.
— Armand, tu nous remets.
— Vous connaissez Watteau ?
— Je l'ai jeté.

Une Cartier ? T'en veux une ? Je peux t'en avoir une fausse pour le même prix.

On change le menu tous les jours mais il en faut de l'imagination, au bout d'un temps on sait plus, les menus, hé, c'est pas marqué dans l'Évangile.

Il perd ses plumes parce qu'elle s'ennuie, c'est une fille, hein coco, t'es une fille, elle s'ennuie dans la cage, on l'a emmenée au vétérinaire à Paris, c'est lui qui nous l'a dit, ça vient du Gabon, il lui faut un mâle, nous voilà bien, hein coco, on lui donne du gâteau, c'est son gâteau préféré, c'est comme une femme, il lui faut un garçon, hein coco, tu t'ennuies, coco, coco, dis bonjour à maman, coco, elle s'ennuie alors elle perd toutes les plumes du devant, hein coco tu t'ennuies, il lui faut un mâle, un mâle du Gabon, nous voilà bien, et où on va trouver un mâle gabonais ?

C'est vraiment pas le moment de faire un régime !

Les allocs plus deux RMI, tu touches ta patate.

Tu soulevais n'importe quel caillou, t'avais des mille-pattes, c'était avant...

Chez nous les pompiers sont passés pour le calendrier, et le facteur, et les boueux aussi, comme ça on a trois calendriers.

Je te préviens, je traverse pas la rue avec toi dans cet état !
– ...erie...
– Non, je t'accompagne pas à la boulangerie !

La corvée, c'est de les ouvrir.

Les huîtres, elles naîtraient comme nous, ça serait un peu moins chiant à ouvrir...

Ils les passent aux rayons X avant de les vendre, si y a une perle, elle est pour eux.

Y a deux trucs où il faut dire pourquoi, quand tu ris ou quand tu pleures, le reste tout le monde s'en fout, c'est la société du spectacle.

Un mec qui chie une perle, je m'en fous, je mets les mains dedans.
– Pas moi.
– Deux perles.
– Quatre.

C'est mon *Parisien*!

La dinde, c'est bon mais c'est sec.

Y a que de la merde à la télé, pour changer...

J'ai retrouvé ma bague dans la poche à poussière.
– Holala !

Il est tellement vieux, y se coince dans l'escalier.

Quand je m'ennuie, je me fais du vermicelle.

Ça mange quoi ?
– Comme nous.
– Ça se couche tôt, je suppose.
– Ah oui, à quatre-vingt-quatre ans, ça se couche tôt.

J'avais retrouvé ma valise sur le palier.

Un Vittel pour la fleur !

Un chèque à l'encre rouge, c'est mal poli.

Urbi et qui ?
– Orbi.

On a eu les congés payés, mais maintenant c'est le boulot payé qu'on voudrait.

Des rafales de vent à cent cinquante à l'heure.
– Chez vous ?
– Non non, chez nous y a pas de vent à cause de la forêt, le vent va pas dans les bois, d'ailleurs avec le temps qui fait personne y va.

… Une paire d'échaches et un nouvel appareil dentchaire.

Bois, tu sais pas qui te buvra.

On n'a pas vu les pouffiasses du Crazy Horse.
– C'est pour le premier de l'An.

Parti comme il est, il va vomir sur le sapin.

Le sapin de l'immeuble, les jeunes ont déjà cassé les boules.
– Quand y a des jeunes, faut pas mettre des boules.
– Que le sapin.
– Que du sapin.
– Et si y foutent le feu ?
– Holala, c'est pas un sapin qu'y vous faut, c'est un canon avec une guirlande !

J'ai jamais la grippe, mais j'ai des globules blancs qu'ont jamais la trouille.

Quand on sera en 94, c'est comme si on sera dans le Val-de-Marne, puisque le Val-de-Marne c'est le 94.

De la Lune on voit la Terre, mais quand je dis on, je sais pas qui la voit...

Pour un voyage de noces, Venise, sinon pour un voyage avec la famille, ailleurs, la gondole avec la smala, merci bien, sinon pour un voyage d'affaires, à Anvers, sinon pour un voyage de santé, les Alpes, t'as un coin par style de voyage, tu rentres, tu demandes, c'est l'agence qui te fait tout, mais attention ça douille aussi, je préviens, c'est une agence qui est sur une grande avenue.

Oiiiiiiiiiiiiiiiiin...
– Paf ! Comme ça tu pleures pour quelque chose, au moins.

Il faut avoir vécu pour apprécier le bon manger, un jeune ne peut pas.

Pourquoi les humoristes font pas un chef d'orchestre avec une baguette de pain ? – Mais ils l'ont fait ! Toutes les conneries, ils les ont faites, les humoristes.

Le chauffage trop chaud c'est mauvais, ça te cuit le sang.

Il a peur dans le noir, on lui laisse sa lumière allumée, ça coûte, l'EDF pourrait faire une réduction sur la facture, motif « peur d'un enfant dans le noir », non ?

L'apéro à dix heures du matin... je suis en avance sur mon temps.

Je préfère quand la coquille de l'escargot n'est pas trop neuve, ils vous font payer la coquille souvent.

Toutes les miettes que les gens mettent sur leur fenêtre pour les oiseaux, reconstituées, ça en ferait du pain pour les sans-abri, ça en ferait.

Dehors il est décoré, mais dedans faut voir comme il est laid, le monde !

Avec toutes ces illuminations dans les rues, on peut dire que les SDF sont pas les plus mal logés.

S'il y a un fléau sur Terre, c'est bien la poussière !

Sa mère est en prison, et le petit est né en captivité à Paris.

Sur les disques, entre les morceaux y a pas de pub, mais ça viendra.

Le Boston qu'on connaît ?

*Pour faire un comptoir de fête
c'est pas dur, tu mets quelques chips.*
– Tous n'y pensent pas.
– C'est rien d'y penser.
– Tous n'y pensent pas.
– J'appelle ça le respect du client.
– Tous ne le font pas.
– C'est tellement rien.
– Pour les autres c'est déjà trop.
– Nous on fait ça, c'est naturel.
– Pour les autres ça l'est pas.
*– Bon, on va pas s'envoyer des fleurs
toute la journée.*
– Chez les autres on n'en envoie pas.
– Noël, c'est qu'une fois dans l'année.
– Pour les autres c'est déjà trop.
*– Si on fait pas un effort à Noël, on
n'en fait jamais.*
– Les autres n'en font jamais.
– Pour ce que ça coûte.
– Pour les autres c'est déjà trop cher.
– Quelques chips.
– Chez les autres rien.
*– C'est comme ça aussi qu'on tue
la fête.*
– Chez les autres elle est morte.
*– Dites donc, vous les connaissez
bien, les autres.*

Le lièvre, c'est du lapin qu'en a marre de l'usine.

… faut pas que ça soye une corvée, non plus…

Tu tues le cochon le matin, le soir t'en manges, quand t'ouvres le cochon c'est comme si t'ouvres une boîte, pareil.

Je vous dis bonne année tout de suite parce que pour le nouvel an on sera chez ma fille.

J'en connais une que à huit heures elle va être au lit.

287

Jésus, à côté de l'abbé Pierre, c'est un rentier.

Sur la croix, il avait déjà du bide.

L'abbé Pierre, rien que y pète et ça fait de la bonne soupe.

On n'en aurait plus, des hommes comme lui, ça nous ferait des hommes comme les autres !

J'aime pas les curés, mais lui c'est un grand monsieur.
– Un Capricorne.

Il faudrait que ça soit lui le fils de Dieu, plutôt que l'autre qu'on voit jamais.

On se demande vraiment pourquoi il est allé naître chez les Musulmans...

Avant Jésus, y avait la messe mais y avait pas encore la crèche, évidemment.

Ce qu'il nous faudrait, à la tête de la France, c'est le Pape.

Y s'est pas réveillé, ton réveil ?

Mao, j'ai pas toujours été d'accord, mais bon, le temps passe...

Pas d'eau dans le mien.

Le jazz,
t'as deux notes...

J'en fais pas mal,
de la coupette
de champagne,
en ce moment.
– Un Ricard.

... alors que le rock,
t'en as plus de quinze.

Le nouveau Louvre, ça redonne envie d'être roi.

... Ou gardien.

J'en fais pas mal,
de la coupette de
champagne,
en ce moment.
– Un demi.
– J'ai pas mal de
clients qui m'en
demandent.
– Moi c'est un demi.
– Un demi ?
– Un demi.
– Pfu... j'ai un con
qui m'a fait ouvrir
une bouteille et
maintenant ça me
reste sur les bras.
– Un demi.
– Oui ! On a compris !

*Une heure pour être
servi dans ce bistrot !
60 minutes ! Vous ne
servez que les gens
importants ?!
– Mais dites pas
de bêtise ! Je servirais
que les gens
importants, j'aurais
pas de la merde au
plafond des cabinets,
faut réfléchir avant
de parler, monsieur !*

Régine ! A poil !

J'en fais pas mal,
de la coupette de
champagne,
en ce moment.
– Un kir.
– Bon, je me la boirai.

*T'es déjà allé en prison ?
– Non.
– Alors qu'est-ce que tu parles de la prison ?
Qu'est-ce que t'y connais de la prison si t'y es pas
allé ? Pour connaître la prison faut y être allé !
Moi j'y suis allé, en prison, je connais, je peux
en parler.
– J'y suis pas allé mais je me doute.
– Non, tu peux pas te douter, quand on n'y est
pas allé, en prison, on sait pas ce que c'est, t'as
vu les trois points, là, tu sais ce que ça veut dire,
les trois points ? C'est un tatouage que je me suis
fait en prison, ça veut dire mort aux vaches, c'est
lui qui me donne le droit de parler, j'ai peut-être
pas des papiers en règle mais lui c'est mes
papiers plus forts que tous les papiers de la
République française qui m'a enfermé dans ses
geôles.
– J'y suis pas allé, mais j'ai un copain qui y est
allé.
– Comment qu'y s'appelle ?
– Tintin.
– Tintin quoi ? T'en as des milliers, de Tintin,
en prison.
– Tintin Lamarche.
– Connais pas, je les connais pas tous, remarque.
– C'est un gardien.
– ?*

U̶n Ailleurs, oui, mais où ?

Faire un enfant à soixante ans ! Mais qu'est-ce qu'elle a fait, cette bonne femme, jusqu'à soixante ans ?!

Il y a personne âgée *et* personne âgée.
– Je connais une grand-mère qui boit son verre de vin à tous les repas.
– C'est ce que je vous dis, il y a personne âgée *et* personne âgée, et souvent d'ailleurs la personne la plus âgée n'est pas celle que l'on pense.
– Et elle danse encore la valse si on l'invite.
– La vieillesse c'est dans la tête, il y a des jeunes plus vieux que des personnes dites âgées.
– L'âge ça ne veut rien dire, au fond, c'est dans la tête... par contre des fois elle ne sait plus comment elle s'appelle.
– Vous savez, les jeunes parfois se donnent de ces surnoms !
– Sinon elle se débrouille, elle a la chance d'habiter au premier.
– C'est bien, l'exercice ! Ça garde en forme.
– Le jeune du dessus prend l'ascenseur.
– Mais bien sûr ! Les jeunes sont plus vieux que les vieux de nos jours, parce qu'avant, il fallait nous voir, quand on était jeunes ! La jeunesse a changé...
– Elle a vieilli.
– Vous les avez vus, les jeunes, de maintenant ? Ils font des enfants à soixante ans !

Le paradis des chrétiens perd de la surface, les islamistes rachètent tous les terrains.

*Vous faites de la moto ?
– C'est un vieux casque que je prends pour faire les courses, j'aime pas beaucoup les cabas.*

Ils vendent du vin à Eurodisney, mais pour que j'y aille, il faudrait qu'ils le donnent.

Dans le futur, tu claques des doigts, hop t'es en Chine, et t'as qu'une envie, c'est de claquer les doigts, hop, pour rentrer chez toi...

*C'est un musicien qui joue de la trompette sous l'eau, et je sais pas comment il fait, ça rouille pas du tout, la trompette.
– Avec des cornichons, j'ai demandé !*

Le futur, quand ça sera devenu du passé, on dira il était pas bien terrible, ce futur, finalement...

A la seconde où le futur devient du présent, si ça se trouve, toi tu dors.

T'as des harengs qui habitent Venise.

*J'étais chômeur et je touchais une allocation, après j'ai été chômeur en fin de droits, maintenant j'ai le RMI, en chômage j'ai tout fait, j'ai toutes les qualifications, j'espère même passer chef chômeur !
– Remarquez si vous êtes au chômage pendant dix ans, c'est normal de monter d'échelon.*

Les plantes vertes aiment la musique...
– C'est ce qu'on dit.
– Moi je mets du Mozart.
– Moi je mets du Pokon.

Michael Jackson, c'est un malade, tu lui donnes un bébé panda, il l'enfile.

Il marche sur les chemins incandescents de la créature !

Dans notre immeuble, tout le monde est au ski, alors celui qui a chié dans l'escalier, forcément ce n'est pas un skieur.

Les expulsions sont interdites en hiver, il faut attendre le printemps !
– Ils habitent dans un squat, pas dans un bourgeon.

C'est des balles de fusil qui font 1 800 mètres-seconde, et même ça les dépasse ALLÉGREMENT.

Le Paris-Dakar, c'est la galère, mais moins que le Dakar-Dakar.

La cocaïne, ça m'énerve, mais la décocaïnée, tu peux en prendre le soir, ça empêche pas de dormir.

Holà ! Dehors, vos conneries !

*Tu le connais, lui ?
– Non, c'est le connard mystère.*

Rome, c'est Paris en pas pareil...

Rome, tous les cent mètres t'as une ruine, et tous les deux cents mètres pareil.

Non non, la musique c'est pas la culture, sinon pourquoi y aurait France-Musique d'un côté et France-Culture de l'autre ?

Qu'est-ce qui nous prouve que les gens de la radio n'ont pas de boutons ?

Faire un créneau avec une Papamobile, moi je te dis que le chauffeur il est fort.

On m'appelle ça des roses de Noël.
– C'est joli... et ça sent bon ?
– Attention ! Mettez pas votre gros nez dessus, vous allez m'en casser !
– ...
– C'est fragile comme du verre.
– Et alors, je n'ai jamais cassé du verre avec mon nez.
– ...
– ...
– C'est pas ce que je voulais dire...

Si je suis foutu dehors de chez moi je me fais cobaye pour la science, au moins j'aurai une cage avec de la paille dedans !

... le super-boot américain, ultra-léger, fourré, en cuir, confortable, avec ça tu peux affronter l'hiver au chaud, t'as les pieds au sec, tu peux marcher des heures...
– Ah bon, c'est pour marcher...
– C'est des chaussures de sport !
– Ah bon, c'est pour faire du sport...
– Par exemple, je suis venu à pied.
– Ah bon, c'est pour aller au café à pied...

Elle doit avoir des morpions en peluche, la petite Goya.

Le temps, c'est une
invention de
l'homme si tu veux,
comme le vélo, sauf
que le temps ça va
plus vite que le vélo...

... dans les avions-taxis,
pareil, si tu fumes le mec
se pose.

*Le plus difficile avec
un mets, c'est choisir le
vin qui convient et pas
le boire avant manger.*

Je n'ai presque pas
l'instinct de la propriété,
puisque je suis locataire.

A la place du
Prince Charles,
moi j'aurais fait
des concessions
pour garder une
belle femme
comme ça...

C'est une femme
qui a un
magnétisme.
– Comme la carte ?
– Comment ça,
comme la carte ?
– Rien.
– Elle a découvert
qu'elle avait du
magnétisme après
un accident de la
circulation.
– Comme Sacha
Distel ?
– Comment ça,
comme Sacha
Distel ? Moi j'y
comprends rien,
à vos façons de
parler, à vous les
jeunes...

Le plus fatigant,
dans les grands
magasins, c'est
leur chauffage
qui est trop fort.
– Exprès pour
qu'on ait froid
quand on
va dans les petits.

Mon maître, c'est
Robert Scipion.

Quand on a tout, il faut
penser à ceux qui n'ont rien.
– Personne a tout.

Quatre boîtes
de crottes
en chocolat !
– C'est de la
folie.

... même pas
un coup de téléphone,
rien...

Il est con comme un
iceberg, trois fois plus
con que ce qu'on voit !

Bing !
– Holà ! Trois verres
renversés depuis ce
matin, c'est un suicide
collectif !

*L'Italie, c'est une
météorite qui serait
tombée et y a des
millions d'années,
d'où sa forme étrange.*

Mourir pendant son
sommeil, ça fait perdre
une matinée.

Il est rentré dans
l'église et il a mis
des capotes dans
la crèche !
– Qui ?
– Qui ? Mais on sait
pas ! Plus rien est
sacré, maintenant,
plus rien !

L'image virtuelle,
tu entres dedans,
tu ne sais plus si
c'est réel ou
inventé ; avec
l'image virtuelle,
on sera tout le
temps jamais
partout nulle part !

Hors de question qu'elle fasse un enfant après soixante ans, et si elle veut quand même, je lui fous les ovules à l'évier.

Moi je trouve que c'est bien, de faire un bébé à soixante ans, la maman a le temps de s'en occuper puisqu'elle est à la retraite.

Si ça continue, les embryons tu les trouveras chez Findus.

Bientôt on prendra les ovules sur un fœtus pas né et on les mettra à chauffer dans une vieille morte, jouons pas avec le feu !

Jacques Martin, à cinquante-neuf ans, il fait encore un enfant !
– On a dû lui mettre des ovules à quelqu'un d'autre, c'est sûr.

Le mieux c'est quand on a un enfant normalement, qu'il va à l'école normalement, qu'il trouve un travail normalement, qu'il a sa retraite normale, qu'il vieillit normalement, et qu'il meurt normalement ; évidemment, tous ces trucs normaux, de nos jours ça fait pas normal.

Faut pas dire trop de mal de la génétique, c'est quand même grâce à la génétique qu'on fait des grosses tomates.

Je sais pas comment je vais faire, pour la bise de la nouvelle année, parce que j'ai la grippe.

Le plus dangereux après l'opération, c'est le réveil, on sait plus où on en est, on se rappelle de rien, on se lève du lit et on se découd tout.

Les sculpteurs de l'éphémère, je leur ferais des chèques éphémères, moi !

Ils augmentent encore le tabac, alors tant pis, je voulais donner mon corps à la science, je le donne plus, je l'augmente de 13 % !

Tu installes un petit barrage à la sortie du cœur, le sang fait tourner une petite turbine qui donne de l'électricité, ça multiplié par plusieurs milliards d'hommes et de femmes, ça t'en fait, du kilowatt !
– Compliqué, ton truc.

Cette année, je prends le taureau par les cornes... un double !

Des fois il veut arrêter de fumer, il fait une crise, il jette ses cigarettes aux poules.
– ?

Des taupes, heureusement qu'y en a pas dans le bois !

On en trouve, des saloperies sur les plages, ça on en trouve de tout, comme saloperies, et pourquoi qu'on donne pas ça à ramasser à des chômeurs, qui seraient mieux là qu'à rien faire qu'attendre, et un ramasseur de saloperies, c'est toujours plus utile à la société qu'une saloperie de chômeur saoul qu'on ramasse, pas vrai m'sieur Clovis ? Et je dis pas ça pour vous, vous vous tombez jamais...

... et je bois jamais.

Avec tous les détonateurs qu'on trouve sur les plages, bientôt y aura plus besoin d'ouvrir les huîtres, elles s'ouvriront toutes seules, boum !

Il a mis un faux détonateur dans les crevettes pour faire le con...

La pollution elle se balade où elle veut, tandis que nous, on a des pancartes INTERDIT ! La liberté ? Mais quelle liberté ?! On est moins libres que des pots de merde !

Ces fêtes, on en a bouffé du vivant !

... et après y a encore la galette des rois... ça n'en finit pas...

Je vous ai fait la bise ?

Grâce aux réserves dans ses bosses, le chameau ne réveillonne que tous les sept ans.

On dit « réveillonner » mais on pourrait tout aussi bien dire « picoler devant les gosses toute la nuit »...

Avec le Loto on peut devenir milliardaire, alors qu'avec le boulot, tout ce qu'on peut devenir, c'est chômeur ; si j'étais chef d'entreprise, je paierais des gars à jouer au Loto.

Y laisseront jamais tomber du bateau un container de portefeuilles !

Six milliards au Loto !
– Qui ?
– Une vieille.
– Font chier, les vieux ! On leur paie leur retraite, et en plus ils ont six milliards au Loto !

C'est facile d'être généreux, quand t'es riche ; le vrai généreux, c'est le pauvre qui a rien et qui partage, il a une miette, il donne la moitié de la miette, alors que le riche qui a cent briques il donne mille balles...
– Moi je prends les mille balles, c'est dégueulasse de prendre une demi-miette à un pauvre...

Tu manges une patate mutante ? Ben tu mutes.

L'avantage de la photo, c'est que tu fous pas de la peinture partout.

Ça licencie même chez Chausson ; pourtant, quand tu bosses chez Chausson, tu te dis pas chez nous, tout de même !

Je serais directeur de la télé, je mettrais du De Funès.
– Y en a ce soir.
– Tiens, tu vois ! Et moi je le fais pour rien, le programme !

Leur tunnel sous la Manche, avec les petits vers qui y a au fond de l'eau, tu vas voir les dégâts dans le plafond !

Il est plutôt calme, mais à la mort de sa mère il s'est énervé comme Jean-Pierre Coffe.

Il a eu une panoplie de policier et il met des PV à la tortue.

Le plus bel instrument de musique, c'est la voix humaine, et surtout on peut bouffer avec.

Ça marchera pas, leur tunnel, la mousse va se mettre sur les rails et rideau.

Un univers adulte, j'arrive à imaginer, un bébé univers, j'y arrive pas.
– Mais on s'en branle !

Quand il est fatigué il se soigne par les plantes, il s'assoit dans l'herbe et il va pas bosser.

Bonne année ! Bonne santé ! La crotte au cul pour toute l'année !

Je serais les casques bleus, j'attaquerais en cachette...

... S'ils veulent se battre, faut les laisser...

... des nuages noirs, comme du charbon, une vraie mine à ciel ouvert...

A Sarajevo, ils ont les caves inondées d'obus, y en a un mètre dans les cuisines et ça continue de monter !

La Loire est sauvage parce qu'elle est pleine de poissons qui se cognent.

Vous avez vu la taille des gouttes !

Deux mètres d'eau dans les caves !

On n'écoute pas la femme ou le mari, alors c'est pas pour écouter PPDA.
– La Bosnie ça changera jamais, alors j'écoute les informations sur les inondations.

Cet hiver, à Euro-disneyland, avec la pluie et la boue, manquent plus que les gaz moutarde.

La pluie, quand elle est en bande, ça devient de la flotte.

Bonne année ! Bonne santé ! La crotte au cul pour toute l'année !

Des souris partout dans les maisons !
– Les trous sont noyés, alors ça rentre
de partout, les terriers des lapins pareil,
les lièvres, les renards, tout le sol est
plein d'eau alors ça sort.
– Jamais vu autant de souris dans les
maisons.
– A Paris, c'est les métros qui vont dans
les maisons.
– ?

Sophie Favier, c'est rien qu'un jambonneau...

Toute cette pluie qui tombe, c'est pas possible que ça sorte que des nuages, y a trop d'eau, ça vient de l'espace qui est trop plein.

... Cinq milliards d'années...

... C'est rien qu'un jambonneau...

... Une météo qui prédirait le temps, mais de tout l'univers entier...

... les trous noirs...

... j'en voudrais pas dans mes lentilles !

... On n'y peut rien, à ces affaires de galaxies.

J'y mettrais pas ma bite, ah non, j'y mettrais pas dans ce jambonneau !

... On se les fera jamais, ces salopes.

... Enfin bref... ... Enfin bref...

Comprendo ?
– ...
– *Comprendo, Manuel ?*
– ...
– *Je te sers pas, Manuel.*
– ...
– *Comprendo ?*
– ...
– *Y fait exprès.*
– ...
– *Tu paies ce que tu dois ou alors va boire ailleurs.*
– ...
– *Comprendo ?*
– ...
– *Quelle patience y faut, des fois... non, Manuel !*
– ...
– *Et fais pas tes yeux de chien battu...*
– ...
– *Bon, une bière mais c'est tout, Manuel, comprendo ?*
– *Après Manuel y s'en va.*
– *Tu vois que tu comprends, quand tu veux...*

Mon beau-frère il est peintre, il en a plein les cheveux mais il a toujours les mains propres.
– C'est normal, à force, les peintres ont de l'acide dans les mains qui empêche de se tacher.

Un muscadet ?
– Non... un muscadet.
– J'étais au placard, il a failli me faire reculer.
– Hi hi... bonne année.
– Toi aussi, bonne année.

Même les bonbons avec la liqueur dedans.
– Même ?!
– Même, y m'en faut pas.
– Même...
– Même !

Pas du tout ! Je m'appelle pas Jacquot ! Pas du tout ! Il est fou, lui !

Un végétarien qui bouffe une plante carnivore, c'est le monde à l'envers.

Je suis pas défaitiste, puisque de toute façon y a pas de futur, c'est comme un amnésique qui serait passéiste, réfléchis donc un peu, vraiment passéiste, avec arguments, je parle, pas un branleur avec des écureuils qui lui tournent dans les yeux, un amnésique peut pas argumenter sur un passé qui a disparu, y peut que dire le passé me manque, et ça c'est pas un passéiste, c'est un nostalgique, pas pareil, pas du tout pareil, tu regrettes le temps passé, comme un con qui préfère se lever que se coucher, justement je suis pas défaitiste, je préfère me lever, puisque je ne crois pas au lendemain, je sais pas si tu me suis ? Je serais défaitiste si je disais il y a un lendemain et il sera merdeux, moi je dis il n'y aura pas de lendemain, réjouissons-nous, c'est même de l'optimisme mon défaitisme, mal placé, mais ça sera toujours mieux qu'un pessimisme mal placé, le pessimisme mal placé c'est des larmes dans le potage, alors que mon optimisme mal placé à moi, c'est qu'on aurait sous les yeux des glandes pour faire la soupe... non, c'est pas ça... tu m'as embrouillé, avec ton histoire de pierre à briquet...

Faut pas acheter des fleurs blanches si c'est pas pour rentrer tout de suite...

Tant qu'il ne pleut pas sur mon lit, moi...

Plus on monte
et plus on se
rapproche du ciel,
c'est pour ça qu'on
n'a pas cloué Jésus
sur le plancher.

La peau de
banane ne glisse
pas plus qu'autre
chose, c'est un
« on dit » à la con.

J'ai pas demandé
la lune, j'ai demandé
un kir, et je l'ai pas.

Je regarde
la politique à
la télévision,
c'est ça qui
me détend.

*Balladur, y doit leur
foutre du calmant,
dans la soupe à tous,
c'est pas possible
autrement...*

Coffe, sur
la visière
des casquettes,
y te ferait
des potagers.

La Terre est devenue
folle !
— Pas plus que Mars.

*Le virus informatique,
c'est un virus qui ne
s'attaque ni aux pédés,
ni aux toxicomanes,
ni aux femmes, il ne
s'attaque qu'aux
ordinateurs, pour un
peu on l'embrasserait !*

... le crâne en forme
de volcan, tu t'énerves,
ça crache de la
cervelle...

On n'a jamais fondu
un canon pour faire
une statue.
— La politique, j'y
comprends rien.

Papin, il est parti en Italie, on n'en veut plus, qu'il y reste là-bas, l'OM c'est pas la SPA !

Footballeur, à trente ans, t'as fini ta carrière, t'es plus qu'une loque qui a mal aux vertèbres, tu travailles chez Opel, maximum.

Et moi je suis le pape !

Il a pas fait depuis deux jours...

Ça me fait froid rien que d'y penser, que le patinage c'est sur la glace.
– Ah, ça, faut pas tomber.

Tuer, oui, si c'est pour manger, à condition que ça ne soit pas de la gourmandise.

Y a plus d'avenir, plus d'avenir, plus d'avenir, d'ailleurs chez nous on a ressorti les vieilles assiettes.

Les États-Unis existent depuis deux cents ans et t'as toujours pas un centenaire.

T'as 950 000 profs en France, ça fait au moins 950 000 élèves qui écoutent, et ça suffit, vu le nombre d'emplois qu'on te propose, t'en as pas 950 000 par an, sinon tous les ans y aurait 950 000 chômeurs en moins, pas en plus, fais pas ta tête de con, tu peux recompter...

Les Serbes et les Croates, y se battent on se demande vraiment pourquoi, y a même pas d'électricité dans leur pays à la con, c'est des chiens qui se battent et y a pas d'os, mais c'est moi qui le dis, je ne suis pas non plus un féru en politique internationale, moi c'est plus la politique française, Balladur qui est pas dur, Chirac qui est ric-rac, c'est ça plutôt...

Je collectionne les fèves depuis dix ans, j'en ai déjà dix.
– ?
– Chaque année je garde la fève, chaque année j'oublie pas.

Leur Paris-Dakar, c'est de la blague, à côté de Bollène-Pertuis.

Dans la télé du futur, quand on n'aimera pas ce qui se passe, on éteindra.

Mais qu'est-ce qu'il dit ?

« Les cinq membres d'une même famille, du village de Tronville-en-Barrois, affirment avoir observé un OVNI durant une dizaine de minutes, dans la nuit de lundi à mardi... »
– Et alors ?! Moi aussi j'en vois, des OVNIS, et je fais pas le bigntz dans le journal pour ça !

La barbe cache le menton, si tu te mets de la drogue dans le menton, ça passe.

On est là depuis deux heures, et ça fait vingt mille personnes en plus sur Terre, et deux mille hectares de forêts en moins.
– Deux heures pour toi ! Moi j'ai que dix mille en plus de mille hectares en moins...

Avec 500 chaînes de télé, ça en fait une par habitant du village, au fond c'est pas beaucoup, ça fait même pas assez de chaînes pour une ville comme Courtenay.

... en numéro un je mettrais le coucher de soleil, et en numéro deux je mettrais les marrons chauds...

Il ment à son père, il ment à sa mère, il ment à ses frères et sœurs, il ment même au chat !
– Là, c'est grave.

Si tu dis rien, on croit que t'es malade, moi j'appelle ça le thermomètre des mots.

Trois Soviétiques dans l'espace, ça en fait au moins trois qui bouffent.

Les photos de la Terre par satellite, on voit bien qu'on n'est pas dessus !

On voit bien que tout son gras, à Balladur, c'est pas du gras attrapé en mangeant des frites.

*Le saumon, le vrai d'Écosse,
le sauvage, tu peux pas le monter.*

Mon verre...
– Eh ! Y a pas marqué
« casque bleu » !
Tu te l'attrapes tout seul.

J'aime bien quand ma fiancée a des gargouillis d'estomac, parce que ce sont les gargouillis d'estomac de ma fiancée.

Le mur de Berlin, tiens, à Sarajevo, ça serait pas inutile !
– Oui mais bon...
– En attendant de trouver une solution...
– Oui mais bon...
– Et il est où, ce mur ?
– Il a été vendu.

Une poule sur un mur...
– ...
– *Qui picole du kir mûr...*
– ...
– *Picoli, picola...*
– ...
– *Va pisser et puis s'en va...*
– ...
– ...
– ...
– *Bon, je vais pisser et on y va.*

Les murs, des fois ça sert, des fois ça sert pas, des fois c'est bien, des fois c'est pas bien, des fois ça sépare les gens, mais des fois y se cachent derrière, oui mais bon...

Pastis mode d'été, Ricard mode d'hiver, c'est pas sorcier, la haute couture.

Le gros phoque, c'est que un gros boudin, mais il fait ce qu'il peut, il participe à la vie des phoques, il est pas tout le temps à rien faire pour du gras au cœur, suivez mon regard...

Pas besoin d'apprendre les choses puisqu'elles sont dans les livres, à la limite vaut mieux apprendre ce qui est marqué nulle part...

On l'appelle la Terre, parce que c'est un dénommé Terre qui l'aurait découverte...

Et dire que y a pas si longtemps c'étaient les jeux Olympiques, à Sarajevo.
– Vous avez raison, tous ces drapeaux sur les stades, c'était pas bon signe.

Je regrette mais je ne vais pas tarder à fermer.
– Je regrette mais je m'en branle.

La Terre se réchauffe et le pôle Nord va fondre...
– ...
– ... et le pôle Sud va fondre...
– ...
– ... et la neige, tout va fondre.
– Moi j'aime pas le froid, alors ça me dérange pas.

Allez vous faire « hum hum » chez les Grecs.
– Quoi ?
– Vous avez très bien compris.
– Oui, eh bien quand on mange le mot de trois lettres, on se tait !

On ferme !

Vous la voyez, l'avenue Paul-Vaillant-Couturier ?
– Oui.
– Vous allez au bout et vous prenez à droite au rond-point.
– Oui.
– Y a un pavillon avec les volets jaunes.
– Oui.
– C'est là que ma femme habite avec son nouveau.
– Oui.
– Un jour je la tuerai.
– Oui.
– Et je tuerai la gosse.
– Oui.
– ?
– ...
– Dites donc, si ce que je raconte ça vous emmerde, faut le dire !
– Non non, ça va.

Qui ?
– On.
– C'est qui, on ?

Il nous jette à la rue comme des vieilles épluchures mais je m'en fiche, le matin, il me fait rerentrer comme une vieille épluchure...

Tu lui dirais dehors, à Mitterrand ?!

Vous finirez de parler dehors.
– Dehors, on n'a rien à se dire.

Il nous parle comme au Moyen Âge !

Vous ouvrez demain ?
– Bien sûr, qu'on ouvre demain.
– Parce que la semaine dernière vous avez fermé.
– Bien sûr, que j'ai fermé, j'avais des travaux.
– Et pas demain ?
– Ah non, pas demain, j'ai pas des travaux toutes les semaines, heureusement !
– Alors vous ouvrez.
– Bien sûr, que j'ouvre.
– C'est sûr ?
– Mais si je vous le dis !
– Parce que demain j'ai mon fils qui vient, et comme chez moi c'est trop petit, on viendra ici.
– Ah mais pas de problème, venez ici avec votre fils.
– Vous êtes ouvert ?
– On est ouvert.
– Vous seriez pas ouvert, je ne sais pas où on irait.
– Allez, bon, ça y est, ça va, on est ouvert mais faut que je ferme, moi, maintenant.
– Vous fermez ?
– Ben oui, je ferme.
– Et vous ouvrez demain ?
– ...
– Parce que je reviens demain.
– ...
– Avec mon fils.
– ...
– Vous êtes ouvert, demain ?
– ...
– Vous êtes ouvert, demain ?
– C'est pas sûr.

En Amérique, ça ne ferme jamais.

Rentrez chez vous.

En plus y pleut.
- Le dernier

Y pleut !
- JE M'EN FOUS !
- Y fait nuit.

Non !

Ça caille, en plus.
- Que le dernier
et on y va.
- NON !
- En plus y a pas
l'éclairage public.

On ferme !

On y voit très clair !

Quel vent...
- La mouise.
- Le dernier.
- NON !
- Le dernier.

On balaye ?
- NON !
- Pour un peu ça
neigerait.
- Il a jamais autant
plu à cette heure-là.
- Non-assistance à
personne qui va se
mouiller.

Non !

Allez, assez rigolé, on ferme !

Comme des chiens.
– Comme des moins que rien.
– Comme des...
– Comme...
– ...
– Ceux-là, faut se les faire... pfu...
aaah...bon... ET CELUI-LÀ,

QU'EST-CE QU'IL FAIT, CACHÉ LÀ ?!

J'étais aux toilettes et ...

Le patron, alors, pousse dehors le dernier client qui traînait les pieds dans son café, il ne le pousse pas méchamment, il a voulu se cacher pour faire le con, il a joué, il a perdu, c'est de bonne guerre, allez, salut, à d'main ! Ce soir, tout se passe bien, mieux que des fois, il doit virer un aviné, il le tient au bout du bras comme une crotte dans un papier journal. Quand on est patron, on est content d'ouvrir, on est content de fermer, on est tout le temps content. On ouvre avec la rosée du matin, on ferme avec le rosé du soir. La rosée du matin laisse le client indifférent, seul lui importe le rosé du soir, il plie et se balance comme une herbe avec sa goutte au bout, celui qui tombe crée un bouquet changeant de casquettes, de baguettes, de cacahuètes salées.
– Et toi ?! Qu'est-ce que tu fous là ?!
C'en est un autre qui s'est caché derrière le billard, décidément ce soir c'est un jeu. C'est à celui qui se fera enfermer. Le patron fout celui-là dehors, et cherche les autres. Derrière le billard de la grande salle, dans les toilettes garçons, dans le téléphone, dans la cuisine même, ça serait culotté !
Il va et vient dans son café.
Plus tard, dans son lit, il regarde l'armoire de la chambre.
Non, là, ça serait vraiment culotté !
Il dort, dans son sommeil, il voit la mer. Pas de zigotos.
A minuit, il se réveille en sursaut, allume, réveille sa femme.
Les toilettes des filles ! Il n'a pas regardé. Dors, lui dit sa femme. Rien à faire. Il a de la lumière blanche dans la tête.
Des fois, la fermeture, c'est la face sombre de la lune des cafés.
C'est la vengeance des avinés.

Humour

Une certaine idée du bonheur, grâce à la vertu décapante du rire...

A. NONYME
Monsieur et Madame ont un fils
4036/2
M. et Mme Ticoli ont le bonheur de vous annoncer la naissance de leur fils Victor. M. et Mme Marolex ont la joie de vous annoncer la naissance de leur fille Éléonore. M. et Mme Sontraqueteur sont heureux de vous faire part de la naissance de leur fils Igor...
Un jeu qui fait fureur - et fou-rire !

ARTHUR
Arthur censuré
3698/5
De la radio à la télé, rien n'arrête Arthur. Et maintenant un livre, pour retrouver son humour décapant !

BERTRAND Jacques A.
Tristesse de la Balance...
2711/1

BRAVO Christine
Les bêtes, petites ou grosses, sont aussi compliquées que nous et leurs amours sont bien difficiles ! C'est ce que révèle la présentatrice vedette de Frou-Frou. Rigoureusement scientifiques, ces romances animales sont irrésistibles.

Les petites bêtes
3104/2
Les grosses bêtes
(un érotisme inattendu)
3770/3

DE BURON Nicole
Les saintes chéries
248/3
Les mésaventures d'une femme en butte à la fatalité quotidienne, ou comment prendre la vie avec bonne humeur quand rien ne va comme vous l'auriez voulu.

Vas-y maman
1031/2
Dix-jours-de-rêve
1481/3
Qui c'est, ce garçon ?
2043/3
C'est quoi, ce petit boulot ?
2880/4
Où sont mes lunettes ?
3297/4
Une lettre de sa caisse de retraite rappelle brutalement à l'héroïne son âge : cinquante ans. Mais où sont donc passées toutes ces années ?

Arrêtez de piquer mes sous !
3652/5
Impôts, cotisations, taxes, prélèvements, vignettes, TVA... c'est trop ! Le ras-le-bol d'une contribuable excédée mais d'un humour à toute épreuve.

COLUCHE
Coluche Président
3750/4

DUROY Lionel
Priez pour nous
3138/4

GOURIO Jean-Marie
A l'heure de l'apéritif, dans les 150.000 bistrots de France, on refait le monde, le coude sur le comptoir. On fait et défait les gouvernements, on déclare des guerres, on invente des lois, on fusille ou gracie, on reconstruit des villes, on replante des forêts... On va même jusqu'à avancer la date du beaujolais nouveau !

Brèves de comptoir - 1
3978/4
Brèves de comptoir - 2
4015/3

HAUSER Régis
Les murs se marrent
3632/4

HÉRACLES & CHRZANOROSKI
Le grand livre de l'humour noir
3994/5 Illustré

LAFESSE Jean-Yves
Petit précis de l'imposture
3253/4

LAGAF'
Eclats de rire
3537/3

LEEB Michel
Le meilleur de l'humour français
3516/3

LEFEBVRE Jean
Pourquoi ça n'arrive qu'à moi ?
3193/3 Illustré
Mais qu'est-ce qu'elles me trouvent ?
3507/3

Humour

PIEM
Bonne santé mode d'emploi
3609/1
Petits enfants grands parents... mode d'emploi
3834/2

ROUCAS Jean
Les roucasseries
3230/4, 3440/4, 3693/4 & 3915/4

Un florilège d'histoires drôles, lestes ou même très vilaines, par le monsieur aux lunettes qui vous fait tant rire à la radio et à la télévision.

SARRAUTE Claude
Allô Lolotte, c'est Coco
2422/1
Maman coq
2823/3

SIM
Elle est chouette, ma gueule !
1696/3

Tout le monde n'a pas la chance d'avoir la gueule de Sim.

Pour l'humour de Dieu
2001/4
Elles sont chouettes, mes femmes
2264/3
Le Président Balta
2804/4
Ma médecine hilarante
3213/3
Elle était chouette ma France
3586/5

L'histoire de France revue et corrigée par Sim. Empruntant la plume de notre célèbre humoriste, Clovis, Gilles de Rais, François Iᵉʳ, Charles de Gaulle et quelques autres nous racontent ce qui s'est vraiment passé.

Le penseur
3937/2

Drôles ou graves, des maximes qui prouvent, s'il en était besoin, que Sim reste bien le plus chouette de nos humoristes.

TALLEYRAND & GARY
Testez et développez votre stupidité sans peine
3790/4

XENAKIS Françoise
Moi j'aime pas la mer
491/1
Zut, on a encore oublié madame Freud...
2045/2

Mme Freud, Mme Marx, Adèle Hugo, la femme de Socrate... Il fallait sauver de l'oubli ces femmes qui ont vécu dans l'ombre de leurs célèbres époux.

Mouche-toi, Cléopâtre...
2359/3
La vie exemplaire de Rita Capuchon
2585/3
Chéri, tu viens pour la photo
3040/4

Grands romans

La littérature conjuguée au pluriel, pour votre plaisir. Des œuvres de grands romanciers français et étrangers, des histoires passionnantes, dramatiques, drôles ou émouvantes, pour tous les goûts...

ADLER Philippe
Bonjour la galère !
1868/1
Les amies de ma femme
2439/3

Mais qu'est-ce qu'elles veulent ces bonnes femmes ? Quand il rentre chez lui, Albert aimerait que Victoire s'occupe de lui mais rien à faire ; les copines d'abord. Jusqu'au jour où Victoire se fait la malle et où ce sont ses copines qui consolent Albert.

ANDREWS™ Virginia C.
Fleurs captives

Dans un immense et ténébreux grenier, quatre enfants vivent séquestrés. Pour oublier leur détresse, ils font de leur prison le royaume de leurs jeux, le refuge de leur tendresse, à l'abri du monde. Mais le temps passe et le grenier devient un enfer. Et le seul désir de ces enfants devenus adolescents est désormais de s'évader... à n'importe quel prix.

- Fleurs captives
1165/4
- Pétales au vent
1237/4
- Bouquet d'épines
1350/4
- Les racines du passé
1818/5
- Le jardin des ombres
2526/4

La saga de Heaven
- Les enfants des collines
2727/5

C'est l'envers de l'Amérique : la misère à deux pas de l'opulence. Dans la cabane sordide où elle vit avec ses quatre frères et sœurs, Heaven se demande comment ses parents ont eu l'idée de lui donner ce prénom : «Paradis». Un jour, elle apprendra le secret de sa naissance.

- L'ange de la nuit
2870/5
- Cœurs maudits
2971/5
- Un visage du paradis
3119/5
- Le labyrinthe des songes
3234/6

Ma douce Audrina
1578/4

Etrange existence que celle d'Audrina ! Sur cette petite fille de sept ans, pèse l'ombre d'une autre : sa sœur aînée, morte il y a bien longtemps dans des circonstances tragiques et qu'elle est chargée de faire revivre.

Aurore
Un terrible secret pèse sur la naissance d'Aurore. Brutalement séparée des siens, humiliée, trompée, elle devra payer pour les péchés que d'autres ont commis. Car sur elle et sur sa fille Christie, plane la malédiction des Cutler...

- Aurore
3464/5
- Les secrets de l'aube
3580/6
- L'enfant du crépuscule
3723/6
- Les démons de la nuit
3772/6
- Avant l'aurore
3899/5

ARCHER Jeffrey
Le souffle du temps
4058/9

ASHWORTH Sherry
Calories story
3964/5 Inédit

ATTANÉ Chantal
Le propre du bouc
3337/2

AVRIL Nicole
Monsieur de Lyon
1049/2

La disgrâce
1344/3

Isabelle est heureuse, jusqu'au jour où elle découvre qu'elle est laide. A cette disgrâce qui la frappe, elle survivra, lucide, dure, hostile, adulte soudain.

Jeanne
1879/3

Don Juan aujourd'hui pourrait-il être une femme ? La belle Jeanne a appris, d'homme en homme, à jouir d'une existence qu'elle sait toujours menacée.

L'été de la Saint-Valentin
2038/1
La première alliance
2168/3
Sur la peau du Diable
2707/4
Dans les jardins
de mon père
3000/2
Il y a longtemps
que je t'aime
3506/3

L'amour impossible entre Antoine, 14 ans, et Pauline, sa belle-mère.

BACH Richard
Jonathan Livingston
le goéland
1562/1 Illustré
Illusions/Le Messie
récalcitrant
2111/1
Un pont sur l'infini
2270/4